KiWi
1843

DAS BUCH

Früher haben sich alle auf die Zukunft gefreut. Alles wurde immer besser. Und für den Notfall gab's Versicherungen. Aber jetzt? Man kann sich Sorgen machen, muss aber nicht, denn Jürgen Becker zeigt in diesem Buch: Es ist noch Zukunft da! Noch vor ein, zwei Generationen war alles anders. Da wurde das gemacht, was die Eltern empfohlen haben, denn die hatten Erfahrung. Es gab keine großen Diskussionen am Küchentisch, ob die Eltern das Gap Year in Neuseeland finanzieren – da wurde einfach gesagt: »Junge, du machst den gleichen Job wie dein Vater. Das ist sicher.« Und der Sohn sagte: »Na gut, Papa, dann werd ich eben auch Weihbischof.«

Wer weiß heute schon, welche Berufe es morgen noch gibt? Ob es eine gute Idee ist, nach Neuseeland zu fliegen? Wie der nächste Sommer wird? Jürgen Becker leider auch nicht. Aber er nimmt uns an die Hand, zeigt, dass früher auch nicht alles Gold war und dass die Zukunft schöner wird, wenn wir darüber lachen.

DIE AUTOREN

JÜRGEN BECKER, geboren 1959, ist Kabarettist, Moderator und Autor. Er moderierte fast dreißig Jahre die »Mitternachtsspitzen« im WDR, wurde für seine Arbeit vielfach ausgezeichnet, unter anderem mit dem Prix Pantheon fürs Lebenswerk. Mit seinen Programmen tritt er in ganz Deutschland auf.

DIETMAR JACOBS, Dr. phil., geboren 1967, schreibt Theaterstücke, Kabarettprogramme und Drehbücher, u.a. für »Mitternachtsspitzen«, »Stromberg« und »Käpt'n Blaubär«. Für seine Arbeit wurde er vielfach ausgezeichnet, unter anderem mit dem Grimme-Preis und dem deutschen Comedy-Preis.

MARTIN STANKOWSKI, geboren 1944, arbeitet als Publizist, Geschichtenerzähler und Rundfunkautor in Köln. Er ist Autor zahlreicher Bücher und wurde mit mehreren Preisen ausgezeichnet, darunter dem Köln-Literaturpreis.

JÜRGEN BECKER

MIT DIETMAR JACOBS
UND MARTIN STANKOWSKI

DIE ZUKUNFT WAR AUCH SCHON MAL BESSER

Kiepenheuer & Witsch

INHALT

Einleitung

Wer hätte gedacht, dass dieses überwunden geglaubte Handeln aus dem letzten Jahrhundert 2022 wieder zurückkehrt: Mit seiner Kriegsmaschinerie andere Länder zu überfallen, um sie sich einzuverleiben und zu unterdrücken. Wozu? Um Land zu gewinnen und sein Territorium terroristisch zu vergrößern? Man stelle sich vor, die Franzosen würden ins Saarland einmarschieren und sich das zurückerobern. Gut, da wären viele Deutsche dafür. Auf die Idee aber käme Macron nicht. Für die Zukunft kann es doch nicht mehr darum gehen, Land zu erobern. Es muss auch für uns darum gehen, Land loszuwerden. Bayern zum Beispiel. Was haben uns diese CSU-Provinzler nicht alles für völlig irrelevante Themen und Personen aufgezwungen: Herdprämie, Ausländermaut, drei unterirdische Verkehrsminister in Folge. Welch eine Wohltat wäre es, wenn Bayern nicht mehr zu Deutschland gehören würde? Dann wäre auch die Bundesliga wieder spannend.

Seit Putins Angriffskrieg in der Ukraine aber sind viele unserer Sicherheiten obsolet und Zukunftsängste nehmen dramatisch zu.

Die Zukunft der Energieversorgung ist ungewiss. Die Zukunft der Spritpreise ist ungewiss.

Die Zukunft der deutschen Autoindustrie ist ungewiss. Die Zukunft der deutschen Kaufhäuser ist ungewiss. Die Zukunft der deutschen Innenstädte ist ungewiss. Die Zukunft der deutschen Luftfahrt ist ungewiss.

Liebe Leserinnen und Leser, das ist alles Quatsch. Die Zukunft ist immer ungewiss.

Genau dieser Reiz des Ungewissen macht den Blick in die Zukunft aus. Man kennt das vom Fußball. Die Leute gucken die Spiele, weil sie nicht wissen, wie es ausgehen wird. Corona hat das leider monatelang verhindert. Das schlimmstmögliche Szenario für die Deutschen ist eingetreten, Fußballspiele ganz ohne Fans im Stadion. Oder wie man in Leverkusen sagt: Alles wie immer.

Das Originelle an der Zukunft ist es, eben nicht zu wissen, wie es ausgeht. Aber gerade die Erfahrungen aus der Coronapandemie haben uns spüren lassen, dass wir Menschen exakt das nicht mögen. Zukunft per se finden wir gar nicht so fürchterlich, nur soll sie eine schöne Aussicht bergen. Man schaut doch lieber in eine hoffnungsfrohe Zukunft, als jeden Abend Karl Lauterbach zu sehen. Nichts gegen den. Ich glaub, der ist prima und lustig. Aber jeden Abend bespricht er schlimme Aussichten. Manchmal habe ich gedacht, der Lauterbach guckt bestimmt nach Feierabend Horrorfilme, um mal ein bisschen heile Welt zu sehen.

Der Mensch ist ein Kontrollfreak, darum will er auch gern wissen, was morgen geschehen wird. Unser Vorausdenken ist ja das, was den Menschen vom Tier unterscheidet. Nur wir Menschen wissen, dass es mehr als die unmittelbare Zukunft gibt, eine Zeit, die weiter entfernt liegt als das nächste Fressen. Egal wie weit sie weg ist, die Zukunft wollen wir kreieren, gestalten, absichern. Tiere verschwenden daran keine Gedanken, der Mensch aber denkt sich so etwas wie Versicherungen aus. Die sind ja dazu da, für eventuelle zukünftige Ereignisse vorzusorgen. Wenn Sie eine Eintagsfliege fragen, was sie überhaupt nicht interessiert, dann sagt die »Rentenversicherung«. Oder »Sterbegeldversicherung«. Von allen Geschöpfen der weiten Erdkugel haben nur wir Menschen so ein Konstrukt erfunden. Was steckt da eigentlich für ein bekloppter Gedanke hinter diesem Sterbegeld? Was genau durchschwirrt ein Hirn kurz vor der Policenunterschrift? »So, jetzt zahl ich 40 Jahre in eine Versicherung, und sobald ich tot bin, hau ich die Kohle aufn Kopp und fahr mit der MS Europa.« Gut, das ginge – bei dem Publikum fällt man als Verstorbener wahrscheinlich gar nicht auf.

Aber so sind wir Menschen. Wir möchten der Zukunft das Vage nehmen und sie klar regeln. Dafür haben wir sogar Religionen erfunden. Denn wir sind so zukunftsgeil, wir wollen nicht nur wissen, was in diesem Leben passiert, sondern auch, was danach passiert. Diese Frage beantworten uns die Religionen. Das Christentum zum Beispiel macht einem zwar klar, dass man stirbt – aber dafür kommt man dann als Ausgleich in den Himmel und trifft alle seine Verwandten wieder. An dem Punkt denke ich immer: Ist der Tod nicht schon Strafe genug?

Dass wir unsere Gedanken in die Zukunft richten können, ist zugleich das größte Problem und die größte Fähigkeit der Menschheit. Dadurch können wir die Notwendigkeit von Erfindungen erkennen, die unser Leben verbessern. Wir können Götter und Ideologien ersinnen, die Glück oder Unglück bringen, Maschinen, die uns helfen oder uns töten. So etwas gibt es im Tierreich nicht. Ein Bär, dem es kalt wird, der plant nicht lange eine Heizung, der legt sich gemütlich hin, macht nix mehr und schläft ein paar Monate. Das nennt man in der Biologie: Hibernation. In Köln heißt das »Stadtverwaltung«.

Aber zurück zu den Versicherungen. Da niemand mehr Unsicherheit hasst als wir hier in Deutschland, schließen wir auch mehr Versicherungen ab als alle anderen. Wir haben Haftpflichtversicherungen für Haustiere, Handyversicherungen und, ungelogen, Versicherungen gegen den Ausfall einer Hochzeit. Wenn der Bräutigam vor dem Altar »Nein« sagt, kommt Herr Kaiser von der Hamburg-Mannheimer und zieht die Hochzeitsnacht durch. Das macht der auch, wenn die Frau das Jawort nicht geben mag.

Versicherungen sind ein kostenintensiver deutscher Fetisch. Das ist übrigens auch der Beweis dafür, dass Jesus Deutscher war. In den Himmel aufzufahren und zurückzukommen; das war kein Wunder: Der hatte eine Reiserücktrittversicherung.

Was wir wurden und warum

Wir Deutschen fürchten diese permanent im Leben umherwabernde Unsicherheit. Und die nimmt beständig von allen Seiten her zu. Der Frieden in Europa wird brüchig, vor uns liegt der Klimawandel wie eine Barriere im Zukunftsweg, rechts neben uns stürzt die Demokratie in die Krise und von hinten schnappt auch noch das Coronavirus nach uns. Wir sind umzingelt von Unsicherheitsherden. Da geraten auch die Dinge ins Wanken, die immer sicher schienen.

Zum Beispiel der berufliche Werdegang. Früher ergriff man als junger Mensch einen Beruf und hat den sein Leben lang behalten. Bis man eine goldene Uhr bekam. Da standen auch überhaupt nicht so viele Berufe zur Auswahl. Wer intellektuell fit war, der bekam lebenslängliches Lehramt aufgebrummt. Wer handwerklich begabt war, der wurde eben Handwerker. Und wer nix konnte, der wurde Berater bei Black Rock und zog ins Sauerland.

Am verbreitetsten war es ohnehin, den Beruf der Eltern zu ergreifen. Das versprach Sicherheit für die Zukunft. Schließlich hatte man da immer schon viel mitbekommen, kannte sich von der Wiege an darin aus und konnte direkt im elterlichen Betrieb anfangen. Da gab's auch keine großen Diskussionen am Küchentisch, ob die Eltern das Gap Year in Neuseeland finanzieren, nee, da wurde einfach gesagt: »Junge, du machst den gleichen Job wie dein Vater. Das ist sicher.« Und der Sohn sagte: »Na gut, Papa, dann werd ich eben auch Weihbischof.«

Aus den Berufen sind früher die Namen entstanden, zum Beispiel meiner: Becker. Schneider, Müller, Weber, Stellmacher, Schweinsteiger. Alles ehrenwerte Berufe. Bis heute kann man anhand der Namen das Alter des Stammbaums ablesen.

Da gibt's ja oft Streit: »Ich han der älteste Name. Ich heiß Schmidt. Das kommt von Schmied. Ein uralter Beruf, den gab es schon vor dem Mittelalter.« »Nee, ich heiß Zimmermann, der ist noch älter. Ihr kennt doch die Eltern von Jesus. Maria und Josef. Der Josef, der war Zimmermann. Also ist mein Name über 2000 Jahre alt.« Sagt der Dritte: »Ich han der älteste Name. Ich heiß Pritzebilski.« »Pritzebilski? Wieso is dat dann der älteste Name?« »Ihr kennt doch alle die ersten Menschen« »Ja, Adam und Eva.« »Genau. Die Eva – dat war ne jeborene Pritzebilski!«

Heute haben sich die Berufe gewandelt, aber es gibt keine neuen Namen. Zum Glück, sonst hieße man Petra Praktikum. Oder Lutz Leiharbeit. Und ich hieße auch nicht mehr Becker. Der Beruf des Bäckers ist ja bald durchdigitalisiert. Demnächst hieße ich dann Jürgen Backstraße beziehungsweise Backstreet Boy.

Das Backhandwerk ist nicht der einzige Beruf, der durch die Mühlen der Digitalisierung gemahlen wird. Viele Jobs werden verschwinden: Wirtschaftswissenschaftler vermuten, in der Fertigungsbranche bis zu 70 Prozent. Aber auch Berufe wie Sekretäre, Übersetzerinnen und Anwälte. Viele Plädoyers kommen heute schon aus dem PC. In Zukunft werden dann nur noch die Plädoyers aus den amerikanischen Anwaltsserien von Menschen geschrieben. Bis auch darin der Computer effektiver wird. Die Digitalisierung verändert die komplette Arbeitswelt. Und sie macht sogar vor der letzten Insel der analogen Herrlichkeit nicht halt: dem deutschen Amt. Da war bis vor Kurzem nichts digitalisiert, nicht mal die Uhren. Wenn man da etwas wollte, musste man auf den eigenen Füßen dort hingehen, eine Wartemarke ziehen und ganz starke Nerven haben. Das dauerte zum Teil Ewigkeiten. Ich war neulich in Köln auf dem Amt, da hatten die Wartemarken noch römische Zahlen.

Aber selbst hier ändern sich die Zustände, selbst die stursten Bürohengste werden von der Digitalisierung gezähmt. Viele der bürokratischen Vorgänge werden bald durch den Computer und durch Serviceautomaten erledigt. Es gibt bereits ~~Kommunen~~, da kann man sein Auto online anmelden. In Köln muss man dafür einen Tag Urlaub nehmen.

Wenn Sie aber in Zukunft dem lahmen Bauamtsbeamten, der nach fünf Jahren Ihre Garage immer noch nicht genehmigt hat, sagen: »Ach, leck mich am Arsch!« Dann antwortet eine Computerstimme: »Gern. Setzen Sie sich auf unseren Spezialstuhl. Ihre Bitte wird sofort erledigt.«

Einer Umfrage von Microsoft zufolge haben über 50 Prozent der Mitarbeiter im Homeoffice über totale Erschöpfung geklagt. Es ist ja auch klar, wie deutlich die Unterschiede zwischen Arbeiten im Homeoffice und im Office-Office sind. In der Firma hat man beim Arbeiten routinemäßige Ablenkung. Da quatscht man mal mit den Kollegen am Kopierer. Trinkt gemütlich einen Kaffee. Geht in Ruhe aufs Klo. Und dann ist der Tag auch schon vorbei. Im Homeoffice, da wartet dauernd Arbeit, wartet dauernd dreckiges Geschirr, wartet dauernd der lohngedumpte Paketbote vor der Tür. Der Rechner steht einem im Stand-by-Modus auf den Pantoffeln. Arbeit und Freizeit, Arbeit und Privates verschwimmen. Das ist so, als käme ein Metzger oder eine Metzgerin aus dem Betrieb nach Hause und sieht auf dem Sofa ein Schwein liegen. Gut, viele Leserinnen werden jetzt denken: »Na, das ist bei mir zu Hause normal.«

Was der Joghurt sagt

In Zukunft werden wir nicht nur die Arbeit nach Hause holen, sondern auch das Zuhause auf die Arbeit. Vom Büro aus werden wir unser Home komplett smart managen. Schon jetzt gibt es intelligente Kühlschränke, die einem, ungelogen, Mails auf das Handy schicken. Da wird ein Gerät, das früher nix konnte außer kalt, auf einmal zum Hightech-Einkaufsberater und sagt Bescheid, wie viele Joghurts man noch hat und wann die ablaufen. Das kannte man doch bisher nicht. Außer in WGs. Da gab es Joghurts im Kühlschrank, die konnten einem ihr Ablaufdatum selber sagen.

In der Küche der Zukunft brodelt es schon deftig. Viele Küchengeräte werden immer komplexer. Manche können kochen, backen, Gemüse schneiden, toasten, braten, mixen, Teig kneten und Saft pressen. Heute heißt das »Künstliche Intelligenz«. Früher hieß das »Mutti«.

Das beste Passwort der Welt

Die Digitalisierung dringt in alle Lebensbereiche ein. Inmitten dieser ganzen Einsen und Nullen werden wir fleischlichen Menschen immer durchschaubarer und manipulierbarer. Früher dachte man ja, man könne das menschliche Handeln bestimmen, indem man Bewegungen technisch steuert. Dafür wurden Menschen mit elektronischen Prothesen ausgestattet. Diesen Zukunftsforscherfetischismus nannte man Kybernetik. Die Vision ist geblieben, nur hat man einen neuen Lösungsweg gefunden. Digitale Daten aus dem profitabelsten Geschäftsmodell der Welt: dem Internet. Da saugen die drei von der Datentankstelle, Google, Facebook, Amazon, alle unsere Daten aus. Und steuern uns daraufhin völlig ohne plumpe Prothesen. Suchmaschinen, asoziale Netzwerke und Internetmarktplätze – mehr braucht es nicht, um die Krone der Schöpfung in der Hand zu halten. Denn überall im Netz hinterlassen wir unsere Daten. Und diese werden zu Profilen zusammengesetzt und verkauft.

Da wird genau geschaut, was wir googeln. Daraus erschließt sich mit einem Klick unser Verbraucher-

verhalten und uns werden passgenau Waren angeboten. Probieren Sie das mal selber. Wenn Sie zehn Mal
Gerhard Schröder googeln, bekommen Sie Angebote
für Antidepressiva.

Die Nutzerdaten werden mit immer schlaueren Al-
gorithmen analysiert, sodass man absehen kann, was
der User als Nächstes vorhat. Bald wissen die großen
Drei durch unser Nutzerverhalten alles über uns. Wo
wir wohnen, was wir essen, was wir mit der Kredit-
karte einkaufen, wohin wir Reisen planen. Sogar ungefähr, was wir denken und wer wir wahrscheinlich
sind. Ich habe letztens mal aus Quatsch gegoogelt:

Wahlkampfsprüche Grüne,

Wahlkampfsprüche AfD,

Schmierseife, Almabtrieb

und Inneneinrichtung Kanzlerbüro.

Da machte es Plong: »Grüß Gott, Herr Söder!«

Und so hat sich das ganze Firmen-Kunden-Verhält-
nis gewandelt. Unternehmen gehen heute ganz anders
an uns ran. Die brauchen keine Rabattcoupon-Annon-
cen in der Tageszeitung mehr. Nein, die analysieren
unsere Nutzerdaten im Internet und geben uns so ge-
zielt wie subtil Kaufempfehlungen. Diese webbasier-
ten Produktinformations-Häppchen sind gar nicht
immer offensichtlich, steuern aber unser Verhalten.
Im Webshop denken wir dann sogar, dass der Kauf
unsere eigene Idee gewesen wäre, dabei haben wir

nur nach der Pfeife des Konzerns getanzt. Genauso nutzen Geheimdienste und die Machthaber unsere Daten. Deswegen können Sie auch fast keine einfachen Handys mehr kaufen. Solche, mit denen man nur telefonieren kann. Nee, nee, so geht das natürlich nicht. Ein internetfähiges Handy ist essenziell für unsere heutige Welt. Sonst weiß Google ja gar nicht, wo Sie sind, und Sie irren völlig unkontrolliert durch die Gegend. So ganz offline, also ohne Leine. Ich bin privat nicht bei WhatsApp online und auch nicht bei Facebook. Das macht mich natürlich verdächtig. Ich habe schon so eine Ahnung, dass ich dafür mal Riesenärger kriegen werde. Offline sein wird dann vermutlich als Verbrechen an der Technik gewertet.

Aber ganz offline bin ich nicht. Ich fahre Elektroauto. Zum Tanken braucht es diverse Apps. An den ganzen Ladestationen hinterlasse ich jedes Mal beachtliche Datenhäufchen.

Ein Beispiel: Die Stadtwerke Emsdetten haben eine eigene E-Tank-App. Dadurch wissen die alles über mich. Wenn ich da ankomme und mein Auto tanke, merken die das sofort. Dann fragen die sich direkt: »Aha, der Mann ist in Emsdetten. Warum ist der hier?« Ich kann's verstehen. Genau die Frage stelle ich mir in Emsdetten auch immer.

Es gibt aber ja immer auch einen Weg, seine Daten für sich zu behalten. Beim E-Auto versuche ich die

Überwachung zu umgehen, indem ich möglichst oft umsonst lade. Das geht mittlerweile bei vielen Supermärkten mit grünen Imagekampagnen. Am besten geht das für mich aber bei Ikea. Kein Bezahlen, keine App, kein Datensaugen. Wenn ich auf Tour bin, guck ich vorher, wo auf der Strecke so ein schwedisches Möbelhaus ist, haue dann da einfach den Stecker ins Auto, haue mich selbst oben in der Ausstellung auf das neue Kivik-Sofa und schlaf so lange, bis meine Karre wieder voll ist. Fährst du noch oder schläfst du schon?

Viele Bürger werden von der zunehmenden Digitalisierung schlichtweg verunsichert. Sie sind eingeschüchtert von der Computerlogik der Einsen und Nullen, wissen nicht recht, wie sie sich verhalten sollen beim Surfen. Genauso gibt es andere, die es selbst schuld sind, wenn ihre Daten ungeschützt überall im Internet umherwabern. Ein großer Teil der Jugendlichen zum Beispiel hängt den ganzen Tag im Netz. Die verstreuen ihre Daten wie Konfetti. Bei den Teenies ist nicht nur das Verhältnis zur Datenkontrolle gestört, nein, auch das Verhältnis zu höflichen Umgangsformen. Da beleidigen und mobben die sich auf Social Media dermaßen, da denk ich nur: Das ist doch krank!

Die sitzen den ganzen Tag vor dem Bildschirm und schreiben anderen, dass sie ihre Omma ficken wollen. Das gab es früher nicht. Da haben Jugendliche nicht vor dem Bildschirm gehockt, da waren die im Schützenverein und haben zusammen gefeiert. Wenn das Schützenfest gut war, hat sich das mit der Omma von allein ergeben.

Das Internet steckt nun mal voller Abartigkeiten und Betrügereien, voller Datenraub und Hackerangriffen. Wie kann man sich als normaler Bürger ohne nennenswerte IT-Kenntnisse dagegen schützen?

Wichtig und effektiv sind gute Passwörter. So ein sicheres Passwort zu erstellen, fällt aber auch nicht jedem so leicht.

Sehen Sie, mein Nachbar hatte lange für alle Accounts den Rufnamen seiner Frau: »Uschi«.

Und sie hatte seinen: »Arschloch«.

Aber die sind gehackt worden.

Denn jeder, der ihn kannte, ist da direkt draufgekommen.

Ich persönlich habe lange »Blutwurst« als Passwort meines Vertrauens genutzt. Letztens ist mir aber aufgegangen, dass »Blutwurst« noch nicht in der Passwortkönigsklasse spielt. Dann hab ich überlegt und mir ist etwas eingefallen: »Flönz«! Da kommt kein internationaler Hacker drauf. Das empfehle ich jedem.

WINKE, WINKE, WINKEKATZEN

Die Vorstellung vom kleinen, einsamen, nerdigen Hackerlein, das aus dem Souterrain des elterlichen Reihenhauses Trojaner auf unsere Computer beamt, ist inzwischen überholt. Hacken und Datenklau sind ein riesiges Geschäft. Ein Geschäft der Macht. Große Diskussionen gibt es da momentan um die chinesische Firma Huawei. Die soll ja in Deutschland die 5G-Netze ausbauen. Und das ist bitter nötig. Deutschland hinkt in Sachen Mobilfunkausbau absolut hinterher. Wir rangieren weltweit in puncto schnelles Internet auf Rang 32. Hinter Rumänien. In einer ganz anderen Mobilfunksphäre schweben da Schweden, Kanada oder Südkorea. Die haben so schnelles Internet, wenn man in Seoul Bundesliga guckt, dann zeigen die die Tore, bevor sie in Köln geschossen wurden.

Hier hingegen geht der Ausbau der Digitalisierungsinfrastruktur seit 30 Jahren nicht voran. Die 5G-Netze von Huawai sollen da endlich einen Schub bringen. Bislang werden die Netze noch von der Telekom betrieben. Oder wie das Unternehmen auf Chinesisch heißt: »Oh wei!«

So viel Ärger die Telekom uns allen auch schon bereitet hat, ist natürlich jetzt die Frage: Soll man ein chinesisches Unternehmen unsere schnellen Datennetze aufbauen lassen? Die könnten uns damit nämlich ausspionieren. Uns alle. Unsere Technik hacken. Oder auch die Regierung. Die Möglichkeiten des Zugriffs wären so groß, dass die Chinesen innerhalb von Millisekunden alles wissen können, was Christian Lindner in dieser Legislaturperiode mit Deutschland vorhat. Das ist Wahnsinn. Das weiß der doch nicht mal selbst!

Aber was in Deutschland passiert, das hat sowieso keinen nennenswerten Einfluss auf das Weltgeschehen mehr. Die Zukunft des Planeten wird nicht mehr in Europa entschieden, sondern in chinesischen Entwicklungslaboren. Wenn in Deutschland ein Sack Roggen umfällt, interessiert das die Zukunftsbauer im Land der aufgehenden Sonne nicht die Bohne. China hängt uns alle ab. Und überwacht uns. Die Machtwaage der Welt neigt sich zu einer anderen Seite. Die Verwunderung über den Aufstieg Chinas würde übrigens weniger groß ausfallen, wenn wir in der Schule besser aufgepasst hätten. China war uns 2000 Jahre lang voraus. Die Chinesen hatten Jahrhunderte vor uns den Buchdruck, Jahrhunderte vor uns das Schießpulver, den Kompass, moderne Waffen. Die haben die Nudel erfunden, lange bevor die Italiener sich daran ausprobieren konnten. Vielleicht hatten sie deshalb auch als Erstes Covid-19. Die sind immer vorne.

Bisher aber hatten wir Deutschen eigentlich ein perfektes, gleichberechtigtes Verhältnis zu China, zumindest wirtschaftlich. China stellte die billigen Konsumgüter der Welt her, wir lieferten die Maschinen dafür. Das war für beide absolut top, oder wie der Chinese sagt: Win Win!

Dieses Gleichgewicht verlagert sich momentan rasant. China produziert nicht mehr nur Winkekatzen und Eineuro-Ramsch. Nein, die stellen jetzt hochwertige Hightechgüter her und sind dadurch unser direkter Marktkonkurrent. Motor der Weltwirtschaft ist nicht mehr Amerika oder wir – das ist inzwischen China. Die Zeiten der minderwertigen Reproduktionen, der Billigfälschungen sind vorbei. China ist der größte Netzentwickler, China ist ganz vorne bei selbst fahrenden Elektroautos. Da explodiert der Innovationsmarkt. Und bei uns? Bei uns hieß der Verkehrsminister drei Jahre lang Andreas Scheuer. Man sieht, China arbeitet bereits mit künstlicher Intelligenz, wir suchen noch nach natürlicher.

Hauptsache Bayreuth

Die Digitalisierung gilt ja im Moment als die Jackpot-antwort auf alle Zukunftsfragen. Sie soll unser Leben bequemer machen, sicherer und sowieso von Grund auf besser. Und das soll sie in jedwedem unserer Lebensbereiche vollbringen.

Nur leider klappt das in der Praxis allzu oft so gar nicht. Nehmen wir zum Beispiel mal Navigationsgeräte in Zukunftstauglichkeitsaugenschein. Die Navis haben heute Karten aus Papier verschwinden lassen, die gibt's höchstens noch im Haus der Geschichte als Ausstellungsstücke. Dafür hat jetzt jeder ein Navi. Je moderner, desto besser natürlich. Bekannte von mir sind beispielsweise stolze Besitzer eines Navis mit Sprachsteuerung. Letztens haben die dem Navifräulein gesagt, sie wollen zu den Wagnerfestspielen nach Bayreuth. Erst 63 Stunden später sind die angekommen. In Beirut!

Eigentlich ist es das große Versprechen der Digitalisierung, unsere Kommunikation total zu vereinfachen. Aber stimmt das? Klappt das?

Blicken wir doch mal kurz in die Geschichte, um

die modernen Technologieversprechen zu beurteilen. Sehen Sie mal: Unsere Urgroßeltern wurden noch in einer Zeit geboren, in der es keine Autos, keine Flugzeuge, keine Computer gab. Im Grunde lebten unsere Vorfahren noch wie die Römer. Heute kann man via Mausklick mit der gesamten Welt kommunizieren. Man hat Facebookfreunde in Australien. Da hätte meine Urgroßoma in Köln früher gesagt: »Australien kenn ich nicht. Das muss rechtsrheinisch liegen.« Und ich denk das heute noch.

Die Digitalisierung ist ja quasi kaum mehr aufzuhalten und sie hat schon so viele Lebensbereiche umgekrempelt. Wissen Sie, was noch in den 50er-Jahren, laut einer Umfrage, die beliebteste Freizeitbeschäftigung der Deutschen war? Aus dem Fenster gucken. Fenster – ein viereckiger Rahmen mit Scheibe drin. Oder wie man heute sagt, Ultra-Flatscreen.

Auch die Mahlzeiten damals liefen noch anders ab. Da musste man sich beim Essen miteinander unterhalten. Das macht heute doch kaum einer mehr. Setzen Sie sich mal in ein Restaurant und beobachten Sie die Paare, die reinkommen. Die kommen an den Tisch, setzen sich, hängen dann über ihren Handys und schicken Nachrichten. Wahrscheinlich sogar einander. Was sie bestellen wollen, haben sie vorher auf der Restauranthomepage ausgesucht und wenn das Essen auf dem Tisch steht, wird das erst mal fotografiert. Und noch bevor der erste Bissen im Mund steckt, ist das Bild vom Essen schon rausgeschickt an Menschen in der ganzen Welt. Wenn man früher seinen Freunden zeigen wollte, was man vor einer Stunde gegessen hatte, dann musste man sich noch den Finger in den Hals stecken.

Viele dieser digitalen Trends sind ja nix für meine Generation. Wir kommen da einfach nicht mehr mit, fühlen uns abgehängt von der Veränderungsgeschwindigkeit. Ich weiß zum Beispiel nicht, wie man sein Essen auf Instagram postet. Aber ich weiß, dass mein Drucker kaputt ist, weil ich versucht hab, meiner Tochter in Berlin eine Scheibe Leberkäse zu faxen.

ANGELAS GEHEIMNIS

Wir wissen heute nicht mehr, wie die Welt in zehn Jahren aussehen wird. Früher war das häufig nicht so. Nehmen Sie die Politik: Seit dem Ende des Zweiten Weltkriegs war Politik in Deutschland eine bombensichere Sache. Es regierte die CDU oder die SPD. Politik war bis vor ein paar Jahren wie die Lindenstraße. Da konnte man auch mal ein paar Jahre verpassen, es ist so wenig passiert, dass man immer wieder reinkam.

Die Kanzler regierten zum Teil ewig. Erst war es Adenauer und mit ihm 14 Jahre CDU-Inhalte. Danach dann 13 Jahre Willy Brandt und Helmut Schmidt mit SPD-Inhalten. Dann Helmut Kohl: 16 Jahre CDU-Inhalte. Angela Merkel: 16 Jahre SPD-Inhalte – in der CDU. Diese Kontinuität der Volksparteien gab den Bürgern das Gefühl, dass die Politik stabil blieb. Nun ist dieses Sicherheitsgefühl verschwunden. Die CDU ist auf einem Tiefpunkt angekommen. Noch nie haben ihr so wenig Wähler das Vertrauen geschenkt.

Das war bei Angela Merkel anders. Die war in den Umfragen immer ganz oben. Ist das nicht irre? Die CDU ging immer weiter runter. Merkel immer weiter rauf. Die wurde mit der CDU gar nicht mehr in Verbindung gebracht. Das ist so, wie Leute sagen: »Die Kirche finde ich doof. Aber Jesus find ich klasse.« Wobei ich Merkel nicht mit Jesus vergleichen will. Jesus hat Reden gehalten, an die man sich erinnert.

Die Volksparteien verlieren den Kontakt zu ihren einstigen Wählern. Jahrzehntealte Binsenweisheiten des politischen Systems gelten nicht mehr und auf diesem Boden gedeiht die Frucht der Angst. Das Abrutschen der einst zementierten Wahlergebnisse ist aber auch nicht verwunderlich, passen die Volksparteien doch nicht mehr in die Welt von morgen. Ihr Attraktivitätsproblem besteht in ihrem ausufernden Angebot: Klimaschutz und Industrie, Öko und Kohle, Arbeitgeber und Arbeitnehmer, Rentner und Junge. Die Parteien kranken in der Gegenwart an genau demselben Problem wie die Kaufhäuser. Die großen Ketten des vergangenen Jahrhunderts, Horten, Kaufhof, Karstadt, verlieren ihre Kunden und gehen pleite. Auch die hatten immer eine riesige Sortimentsbandbreite: die Kochtöpfe direkt neben den Spielwaren, die Herrenstrümpfe direkt neben den Blumenvasen und die Parfümerie direkt neben den Lebensmitteln. Manchmal hat man sich dann daheim gefragt: »Warum schmecken die Kohlrabi nach Chanel No. 5?« Das Kaufhaus war der Ort für den alltäglichen Konsumrausch. Man hat da früher alles besorgt: der Opa den Spazierstock, der Vater sein Werkzeug, die Mutter Klamotten, die Kinder Spielzeug. Das Kaufhaus hat alles im Leben abgedeckt. Es gibt sogar Leute, die wurden beim Kaufhof in der Bettenabteilung gezeugt.

Der moderne Einkäufer steht nicht mehr auf die Gemischtwarenläden. Er geht lieber zu den Fachgeschäften. Zu den Grünen, der FDP oder AfD. Das sind zielgerichtete Spezialläden. Die Grünen sind der politische Bioladen: eher für Besserverdiener, recht teuer, gut für Klima und Ernährung. Das grüne Parteiprogramm besteht inhaltlich zum großen Teil daraus, was beim Essen oben reinkommt. Im Gegensatz dazu die AfD. Bei der besteht das Parteiprogramm aus dem, was beim Essen unten rauskommt. Wie kann es sein, dass in Deutschland wieder Rechtsradikale regional die stärkste Partei stellen? Hätte vor 20 Jahren jemand dieses Zukunftsszenario voraussehen können?

Gleichzeitig haben wir nun eine grüne Außenministerin und einen grünen Vizekanzler. Der Grund dafür ist, dass sie die Zukunft im Blick haben. Die Welt wird unsicherer und gerade Grüne und AfD reagieren auf die Unsicherheit mit konkreten Lösungen.

Die AfD wendet sich an alle, die Angst vor Modernisierung haben, vor Globalisierung, vor Digitalisierung und sagt: Wir stellen die Welt wieder so her wie vor 70 Jahren. Deshalb hat die AfD die älteste Wählerschaft aller Parteien. In diesen grauen Köpfen steckt noch ein anderes Gesellschaftsbild, eine andere Staatsform. Weg von der Demokratie, hin zur Geriatrie.

Die Grünen punkten in einem anderen Feld der Zukunftsangst, und zwar der vor einem Klimaschock. Berechtigterweise gibt es diese Angst, denn wir merken schon heute: Unsere Erde wird diese Lebensweise nicht mehr lange aushalten. Es kann nicht so weitergehen. Wir können nicht mehr lange Fleisch essen, Autofahren und von Köln ans Meer fliegen. In spätestens 20 Jahren ist damit Schluss. Dann liegt Köln nämlich schon am Meer.

WIRTSCHAFTSWUNDERWELT

Fast alle Zukunftsängste, so breit sie sich auch auffä-
chern, liegen darin begründet, dass viele Menschen
spüren, dass unser System, der globalisierte Kapitalismus, fehlerhaft ist. Der Grundstein für diesen reli-
gionsgleichen Status wurde nach dem Zweiten Welt-
krieg gelegt. Am Anfang funktionierte er so gut, dass
ihn viele für ein Wunder hielten. Kein Wunder, dieser
Wunderglaube, denn die bundesdeutsche Wirtschaft
legte doch zwischen 1950 und 1973 um jährlich fünf
Prozentpunkte zu. Deutschland, das Wirtschaftswun-
derland! Und wir waren seine Wunderkinder! Dabei
war das kein rein deutsches Wirtschaftswunder. So
einzigartig, wie wir glauben, war unsere Leistung nach
dem Krieg nicht. Wir im Westen wurden gepampert
von den Amerikanern, weitestgehend verschont von
Reparationszahlungen für den von uns begonnenen
Krieg, und wir brauchten unsere Schuld nicht einmal
tiefgehend aufzuarbeiten. Das brachte uns den Auf-
schwung. Der langjährige Wirtschaftsminister und
sogenannte Vater des sogenannten Wirtschaftswun-
ders Ludwig Erhard – übrigens im Dritten Reich ein

Kollaborateur der Nazis – sorgte mit seiner Politik schon früh dafür, dass die Gewinne des Aufschwungs bei den Reichen und die Löhne unten blieben. Eins war er bestimmt nicht: ein Zauberer, der Wunder vollbringt.

Das »Wunder« war kein deutsches Phänomen. Italien legte nach dem Krieg ebenfalls fünf Prozent zu und Spanien sogar 5,8 Prozent pro Jahr und Kopf. So geschah es in fast allen europäischen Staaten, völlig unabhängig davon, ob sie an die neoliberale Marktwirtschaft glaubten, wie die Deutschen, oder an die Verstaatlichung der Schlüsselindustrien, wie die Franzosen. Der erzkonservative Charles de Gaulle hatte in seiner Regierung Christdemokraten, Sozialisten und Kommunisten! Das ging damals noch. Stellen Sie sich das mal heute vor: Friedrich Merz würde Kanzler und hätte eine Koalition mit der SPD und Kommunisten. Dann müsste er ja teils das Gegenteil von dem umsetzen, was er selbst denkt. Das wäre so, als müsste Papst Franziskus den Christopher Street Day organisieren. Obwohl ... Das ist jetzt ein schlechtes Beispiel.

In Frankreich war die Handschrift der Kommunisten nach dem Krieg unverkennbar. Viele Kohlegruben waren verstaatlicht, auch die Energieversorger, die Luftfahrtgesellschaften, die Banque de France, viele Versicherungen, die Pariser Verkehrsbetriebe und die Renault-Werke. Mein erstes Auto hatte einen Aufkleber mit dem Spruch: »Männer wie wir fahren R4«. In der freien Wirtschaft hieß das: »Männer wie wir: Wicküler Bier«. Das kam aus Wuppertal und war damals die führende Brauerei im Bergischen Land. Aber auch Frankreich legte nach dem Krieg mit seinen staatlichen Industrien stürmisch zu. Mit 4,1 Prozent zwar etwas weniger als bei uns. Aber Frankreich war ja auch längst nicht so flächendeckend zerstört.

An dieser Stelle sei das Buch »Deutschland, ein Wirtschaftsmärchen« von Ulrike Herrmann empfohlen. Sie führt als Vergleichszahl 2,5 Prozent Wachstum der USA an und verweist auf Österreich. Hier wuchs die Wirtschaft genauso schnell wie in Westdeutschland und das, obwohl dort zwischen 1959 und 1966 über 31 Prozent aller Erwerbstätigen direkt beim Staat oder anderen öffentlichen Betrieben arbeiteten. Sogar die DDR verzeichnete ein kräftiges Wirtschaftswachstum, teils sogar mit Weltmarktführerfirmen, wie dem Motorradhersteller MZ. Auf Dauer aber wurde es in der DDR schwierig, ganz ohne Markt zu agieren. Wie kann das auch gehen, alle Bereiche verstaatlicht, das ganze Land eine Behörde? Wer einmal mit den Behörden der Stadt Köln zusammengearbeitet hat, versteht, warum das mit der DDR langfristig nicht funktionieren konnte. Andererseits war in der DDR der rheinische Traum perfekt realisiert: Alle hatten Arbeit, aber keiner was zu tun.

Letztlich hat der Kapitalismus im Kampf der Systeme gesiegt und verspricht weiter, dass er das ganze Leben in Zukunft besser macht.

ERFOLGREICH SCHEITERN –
HANS IM GLÜCK

Die Klimaforscher sind sich einig über die Zukunft der Industrienationen: ohne Reduktion geht es nicht. Für den Einzelnen heißt das: Verzicht. Und der ist schwer vorstellbar. Dabei gibt es wunderbare Vorbilder im deutschen Märchenschatz, wie etwa Hans im Glück. Zunächst ein Loser, denn Niederlagen haben einen schlechten Ruf. Man sieht darin Schwäche statt Erfahrungsgewinn. Und das, obwohl so gut wie keine Erfolgsgeschichte ohne den unvermeidlichen Crash, kein Fortschritt ohne Katastrophe auskommt. Das zeigen die Lebensläufe von Steve Jobs, Joanne K. Rowling oder Charles de Gaulle. Wir sind auf Erfolg geeicht und niemand will der tumbe Tor sein, der zwar

für das Märchen titelgebend »Hans im Glück« heißt, aber nur weil er seinen Niedergang nicht versteht oder zu verstehen scheint.

Es gibt hier allerdings die Möglichkeit zweier völlig gegensätzlicher Interpretationen. Die erste Botschaft der Geschichte: H. ist nichts wichtig, er investiert keine Mühe in auch nur eines seiner Güter, er tauscht ohne Reue, und Besitz macht ihn erst froh, wenn er ihn los ist. Ein Einfaltspinsel, und das Ganze ein Schwank über seine Dummheit. Eine ganz andere Interpretation sieht ihn nach und nach befreit von Besitz und Zwängen und sein Glück in der Überwindung einer materiellen Weltsicht. Er erkennt sich selbst, weil er das

Prinzip des positiven Denkens perfektioniert hat.

Nun kann man aber die ganze Story auch ökonomisch interpretieren und wie eine Art Inflationsgeschichte lesen. Betrachten wir seine Tauschgeschäfte im Maßstab aktueller Werte. Er beginnt mit einem Gehalt nach sieben Jahren Arbeit, »ein Stück Gold, so groß als Hansens Kopf«. Bei schätzungsweise 1,5 bis 2 kg Gewicht sind das beim gegenwärtigen Goldpreis 60 000 bis 80 000 Euro. Das Stück Gold tauscht er dann, um bequemer reisen zu können, gegen ein Reitpferd, welches heute, etwa als »Sportgerät«, zwischen 5000 und 25 000 Euro gehandelt wird. Falls er das Pferd dauerhaft hält, kämen für Futter, Stallmiete, Tierarzt, Hufschmied usw. Kosten bis 1800 Euro pro Monat dazu. Weil er aber nicht reiten kann – allein für den Reitunterricht, den er sich spart, werden Kosten von 600 bis 3600 Euro angesetzt –, fällt er

vom Pferd und tauscht es in einem weiteren Geschäftsakt gegen eine Kuh ein, die nach aktuellem Wert mit etwa 2000 Euro berechnet werden muss. Hier spekuliert er mit der Milch des Tieres, für die bei einer heutigen Milchkuh mit ihrer Tagesproduktion von knapp 30 Litern etwa 1,5 kg Butter oder 1,6 kg Käse veranschlagt wird. Aber auch diesmal ist er als Ungelernter nicht konkurrenzfähig, wird beim Melken verletzt, tauscht die Kuh in seinem nächsten Geschäft gegen ein Schwein, Marktwert 167 Euro, dann gegen eine Gans – Bauerngänse aus Freilaufhaltung werden als Weihnachtsgänse mit 89,50 Euro angeboten – und bei seinem letzten und sechsten Handel tauscht er die gegen einen Wetzstein, den Manufaktum für 3,90 Euro im Angebot hat. Bei ökonomischer Betrachtung ist H. kein erfolgreicher Marktteilnehmer – wenngleich ein relevanter, sind doch seine Verluste die Gewinne der anderen.

Zu einem ganz anderen Ergebnis kommt man bei motivationstheoretischer Betrachtung. In einer Fachzeitschrift gilt Hans als ein »eigennütziger [Anhänger des – Anm. d. Autors] Hedomat und unlustmeidender Glücksökonom«. »Hedomat« – angelehnt an die in der Linken populären Termini »Histomat« und »Diamat«, dem Historischen wie Dialektischen Materialismus – ist eine Lebensauffassung, die ihr Leitziel in einem hohen Lebensstandard sieht, häufig auch als Basis für gesellschaftliche Erfolge, die in der Anerkennung nichtmonetärer Glücksmomente liegen. Sie ist im Sinne der Philosophie der Stoiker als privilegierte Begegnung mit der Realität oder wie für die Existenzialisten als Chance, sich neu zu erfinden, zu sehen. Sie ist eine befreiende Philosophie des Scheiterns, die vor Optimismus sprüht und zeigt, was der verpasst, der nie gescheitert ist.

Und das wird von der herrschenden Ökonomie mittlerweile begriffen, ist doch in vielen Unternehmen und sogar Verwaltungen »Fehlerkultur« zum einschlägigen Leitbegriff avanciert. Scheitern gilt sogar als Chance, wenn nicht als notwendige Voraussetzung für den Erfolg. Oder wie Oscar Wilde sagte: »Der Profi macht nur neue Fehler. Der Dummkopf wiederholt seine Fehler. Der Faule und Feige macht keine Fehler.«

Spazierengehen für Fortgeschrittene

Egal wer in diesem Lande ganz oben steht, das heilige Evangelium des modernen Staates bleibt die Wachstumsgesellschaft. Ihr ewig gleiches Sky-is-the-limit-Versprechen soll uns an ein besseres Leben in der Zukunft glauben lassen. Wir werden immer mehr haben! Uns wird es immer besser gehen! Höher, schneller, weiter. Das ist das Mantra des Kapitalismus. Dabei sein ist ja ganz nett, aber gewinnen ist alles.

Doch es rühren sich immer lauter vernehmbare Zweifel an diesem Konstrukt. Immer mehr Menschen merken, dass Marktorientierung die Welt nicht automatisch zum Paradies macht. Gerade vielen jungen Leuten wohnt diese Skepsis inne, das sieht man vor allem an der Klimabewegung. Wie fragil unser marktgebundener Zukunftsfetischismus ist, zeigt uns auch die Coronapandemie. Vor Corona dachten wir unterbewusst alle, wir seien Teil der Technik. Das iPhone war kurz davor, als vollwertiges Körperteil in die Anatomielehrbücher aufgenommen zu werden. Fast so lebenswichtig wie das Herz. Denn wenn dein iPhone kaputt ist, läuft nix mehr, dann kommst du in den Netzwerken nicht mehr vor, bist praktisch tot, einfach nicht mehr vorhanden. (Ohne Handy ist man heutzutage auch nicht mehr geimpft.) Die Technik hatte uns fest im Griff. Durch Corona merken wir nun plötzlich, dass wir gar kein Teil der Technik sind und dass die Viren nicht im Computer stecken, sondern in uns. Wir sind Teil der Natur. Von ihr sind wir abhängig. Und mit ihr müssen wir uns gut stellen, sonst sind wir am Ende.

Denn was ist der Mensch? Ein Lebewesen. Was braucht dieses Lebewesen? Sauerstoff, essbare Substanzen und trinkbare Flüssigkeiten. Dafür brauchen alle Menschen wiederum Atemluft, fruchtbare Böden und sauberes Wasser. Haben aber längst nicht alle, weil unser Wirtschaftssystem global gesehen am Erhalt der Lebensgrundlagen nicht interessiert ist. Dennoch leben wir in einer Zeit, in der jeder Lebensbereich immer mehr von der Ökonomie durchdrungen wird.

Der Kapitalismus kriecht in jede Ritze und hinterlässt kaum zu reinigende Schmierspuren von BWL-Glibber und Effizienzschleim. Es soll immer mehr werden. Und das nicht nur auf der beruflichen Seite. Auch die Freizeit ist doch mittlerweile schon ganz durchökonomisiert.

Nehmen wir mal das Beispiel Sport. Früher ging man für vier Euro im Monat in den Sportverein. Da ging es dann gar nicht um Sport, sondern um das Saufen danach. Und die Gemeinschaft dabei. Heute aber haben die Vereine kaum noch Mitglieder. Die Leute gehen lieber ins Fitnessstudio, um sich allein zu optimieren. Für den zehnfachen Preis.

Früher war überhaupt die Freizeit ganz anders gestaltet. Da ging man auch mal einfach spazieren, um es sich gut gehen zu lassen. Das war ganz preiswert, nämlich umsonst. Heute strengt man sich fürs Gutgehenlassen beim teuren Pilateskurs an oder macht Ayurveda. Beim Ayurveda fließt einem minutenlang heißes Öl über den Kopf, damit man sich wie ein neuer Mensch fühlt. Für 100 Euro die Stunde. Das hab ich früher für zehn bekommen – wenn ich unterm Auto lag und den Ölwechsel selbst gemacht hab. Da hab ich mich hinterher auch wie ein neuer Mensch gefühlt.

Wer nackt durch den Garten läuft

Früher haben auch Beziehungen ganz anders begonnen. Da lernte man sich eben einfach kennen oder Tante Hildegard hat einen kurzum unter die Haube gebracht. Heute verkuppelt nicht mehr Tante Hildegard, heute verkuppelt das Internet. Beziehungen werden kostenpflichtig auf Parship und Elitepartner vermittelt. Schlappe 60 Euro zahlt man da im Monat. Die meisten bleiben mindestens sechs Monate auf so einer Plattform, bis sie jemanden finden. Das heißt, Männer und Frauen zahlen 360 Euro, damit sie jemanden treffen, den sie attraktiv und schön finden. Das hätte man doch früher nie gemacht. Da hätte man sich einfach verabredet, höchstens 36 Euro für Bier oder Wein investiert und sich gegenseitig schön gesoffen! Und dann war man zusammen. Das hat erstaunlich gut geklappt. Aber es möchte sich nun mal niemand mehr auf das Schicksal, Tante Hildegard oder Branntwein bei der Partnersuche verlassen. Die Suche soll so gut sein, dass sie das optimale und effizienteste Ergebnis hervorbringt.

Diese Ergebnisse bringt natürlich nur ein Algorithmus zuwege. Und ein Algorithmus ist immer nur so gut wie die Daten, die ihm zum Verdauen in den Schlund gestopft werden. Deswegen muss man auf diesen Partnervermittlungsportalen auch immer erst seitenweise Fragen beantworten. Dann erst kann der Algorithmus sich auf die Suche nach dem optimalen Partner machen. Einer, der genau die gleichen Interessen hat wie man selbst. Aber ist das wirklich attraktiv? Ein Partner, der genauso ist wie man selbst? Natürlich schadet es nicht, ein paar Interessen zu teilen, aber was meinen Sie, wie das damals bei Adam im Paradies gewesen wäre, wenn der geparshipt hätte? Was hätte der geschrieben? »Einsamer Typ ohne sexuelle Erfahrung, laufe beruflich nackt durch den Garten und esse kein Obst. Suche Frau, die meine Interessen teilt.« Meinen Sie, da hätte sich eine gemeldet? Der wäre Single geblieben.

Hätte es im Paradies schon Parship gegeben, dann gäbe es vielleicht die gesamte Menschheit nicht. Zum Glück hat sich der Internetinstallateur der Telekom damals verspätet und so konnte der Zufall das Ruder bei der ersten Beziehungsentstehung übernehmen. Eva entstand aus Gottes Rippe und zack, stand sie dann im Garten Eden vor Adam. Und der sagte bloß: »Eva. Ich bin Adam. Heiratest du mich?« Und sie »Klar, wen sonst?«

Fertig war die Beziehung. Danach haben sie sich dann auch kennengelernt und sind ein richtiges Paar geworden.

Heute aber wollen wir unsere Partnerwahl nicht dem Zufall überlassen. Beziehungen sollen maximal effizient sein, weshalb wir den Bereich Liebe vollends ökonomisiert haben. Und durch kräftige Ökonomisierung muss es uns ja allen besser gehen. Nur ist das wirklich so?

Wie geht es uns?

Wollen wir uns mal unser Gesundheitssystem anschauen? Ich hoffe, Sie hatten damit in letzter Zeit nicht viel zu tun. Das ist ein Bereich, bei dem fast jeder das Gefühl hat: Da hat Gewinnstreben eigentlich nichts zu suchen. Denn es geht ums Heilen, um Zuspruch, um Nähe. Aber jeder, der doch mal näher mit Ärztinnen, Ärzten oder Krankenhäusern zu tun hatte, weiß: Die stehen total unter Druck. Da läuft etwas total verkehrt.

In der Coronakrise wurde unsere Gesellschaft gewahr, wie wichtig das Gesundheitssystem ist. Und dementsprechend hat sie gehandelt und warmen Applaus gespendet für die Helden in Praxen und Kliniken und Pflegeheimen. Eine nette Geste, nur sind das keine Helden, das sind ganz normale Leute am Limit. Dieses Limit wurde nicht erst durch Corona erreicht. Seit Jahren ist die Belastung des medizinischen Personals extrem. Geklatscht wurde aber nie dafür. Dieser Zustand wurde stattdessen einfach hingenommen. Nach dem Motto: Wenn man lange genug wegguckt, verschwinden die Probleme von allein. Tja, diese Taktik hat, wundersamerweise, nicht funktioniert. Die Personalnot wird immer ärger, sodass momentan alles rekrutiert wird, was noch stehen kann und beim Spritzen nicht allzu sehr zittert. Pfleger, die schon aufgehört haben. Pfleger in Rente. Sogar alte, pensionierte Ärzte. Wir haben inzwischen Ärzte, die kennen nicht nur den Eid des Hippokrates. Die haben mit dem zusammen studiert. Das Problem ist einfach, dass im Gesundheitswesen alles nur noch auf Gewinne getrimmt ist.

Das ist ein ganz tiefgreifendes, strukturelles Problem, und es fängt schon beim Unterschied zwischen Kassen- und Privatpatienten an. Was ist das eigentlich für eine Idee, dass eines der am besten entwickelten und reichsten Länder der Erde beim Thema Gesundheit ein Zweiklassensystem hat? Wer reicher ist, der bekommt mehr Leistungen. Extrem fällt das zum Beispiel bei Fachärzten auf. Einen Termin beim Radiologen bekommen Privatpatienten nach spätestens zehn Tagen, Kassenpatienten warten zum Teil Monate. Ich kenne Kassenpatienten, die buchen bei Beschwerden spontan irgendeinen Billigflug. Damit sie zumindest am Flughafen mal durchleuchtet werden.

Erwiesenermaßen bekommen Privatpatienten schneller und häufiger medizinische Leistungen. Nicht etwa, weil Reichtum so schnell krank macht und das alles verzärtelte Millionärsalleinerben sind.

Nein, das rechnet sich einfach unglaublich für die Ärzte. Zum Beispiel bekommen Privatversicherte erheblich schneller und häufiger MRT-Untersuchungen verschrieben, weil die Radiologen für sie mehr Geld bekommen als für Kassenpatienten. Es soll inzwischen MRT-Geräte geben, die sind so aussagekräftig, die können bei einem Privatpatienten den Inhalt des Portemonnaies durch die Hose anzeigen.

Warum ist das eigentlich so? Warum zum Teufel muss ein Bereich wie Medizin eigentlich auf Profit und Gewinn orientiert sein? Ist das der Sinn von Medizin?

Krankheit bringt großes Leid hervor, da braucht es vor allem einen Arzt, der einfach zuhört, hilft und sich Zeit nimmt. Nur ist das im System nicht vorgesehen. Wenn ein Kassenpatient im Quartal vier Mal zum Arzt geht, zum Durchchecken und Rat suchen, dann verdient der Arzt ab dem zweiten Besuch nichts mehr mit seiner Leistung. Er bekommt nicht für seine tatsächliche Arbeit Geld, sondern ihm wird eine Pauschale ausgezahlt. Den dritten und vierten Besuch des Kassenpatienten macht der gratis. Und auf Dauer macht das die Ärzte arm. Zumindest versicherte mir das letztens mein Hausarzt, als er neben mir an der E-Ladestation mit seinem neuen Tesla stand.

Ärzte können ja gut jammern, sie sind Höchstniveauklager. Ihr liebstes Klagelied handelt von den

Kassenpatienten, die ihnen keinen kranken Euro einbringen. Klar: Wer kennt diese Bilder nicht: Hungernde, ausgemergelte Kittelgespenster, zu schwach, noch das vergoldete Stethoskop um den Hals zu tragen. Sie schleichen verhärmt durch die tristen Flure der Kassenpraxis und ernähren sich von den Bröckchen, die ihre Patienten aushusten. Welch Elend.

Um sich daraus zu befreien und nicht auf den St.-Moritz-Urlaub verzichten zu müssen, reagieren viele Ärzte mit Notwehr. Sie nutzen IGEL. Individuelle Gesundheitsleistungen. Die kennen Sie: Das ist der Bauchladen, den der Arzt vor einem aufmacht, wenn man mal in der Praxis ist und noch nicht genug Kohle eingebracht hat. Was Patienten da alles angedreht wird! Meistens ist das abstruses Zeug, überteuerte Ramschwaren, denen seriös betrachtet keinerlei Wirkung nachgewiesen werden kann.

Ein tolles Beispiel ist die rektale Ozontherapie. Da wird dem Patienten ein wirklich arschiges Angebot gemacht. Man bekommt mit einem Klistier ein Ozonsauerstoffgemisch in den Hintern geblasen. Für 600 Euro. Für 200 Euro mehr blasen die einem sogar noch Zucker hinterher. Medizinisch bringt das nichts, außer Gewinn für die Ärzte. Egal welcher Fachbereich, jeder Spezialist hat seine LieblingsIGELanwendung. Neurologen bieten Menschen über 60 gerne einen sogenannten Gehirnfunktionstest an. Der Arzt stellt ein paar Fragen, Sie antworten und zahlen 800 Euro dafür. Ein tolles Geschäft, dabei braucht man den Test gar nicht. Wenn man bereit ist, dafür 800 Euro zu zahlen, funktioniert das Gehirn sowieso nicht mehr richtig.

Die Ärzte erfinden immer wieder neue Methoden, um ihre Gewinne aufzustocken. Dabei spielen sie auch mit unseren Ängsten. Einige Ärzte haben ein Eierstock-Screening im Angebot. Der Nutzen ist in der Fachwelt hoch umstritten, trotzdem raten Ärzte dazu und bauen ein Szenario auf, bei dem ohne Eierstock-Screening schlimme Krankheiten drohen. Und ich habe allein drei Bekannte, die haben das deshalb machen lassen. Und das waren alles Männer.

Alle diese Leistungen sind medizinisch gesehen kompletter Käse. Daher kommt übrigens der Begriff KäseIGEL.

Ich kann die Ärzte sogar teilweise verstehen. Das Gesundheitssystem hindert sie immer mehr daran, ihren Beruf vernünftig ausüben zu können. Das Wohl des Menschen bleibt dabei auf der Strecke, er ist nur noch Fall, nur noch Pauschale. Darum wird das Gespräch zwischen Arzt und Patient auch nicht gerecht entlohnt. Dabei wäre gerade das so wichtig, ist doch der Arzt für viele eine große Vertrauensperson, mit der man sich über wichtige und persönliche Dinge austauschen kann. Sie kennen das vielleicht auch noch von früher. Da war der Arzt so etwas wie der katholische Priester. Er hat einem zugehört, hat einem Rat gegeben und danach hat er einen oft auch noch abgetastet.

Statt eine sprechende Medizin zu praktizieren, arbeiten die Ärzte mit immer mehr Gerätschaften. Aus dem einfachen Grund, dass sie dadurch größere Gewinne einfahren. Besonders lukrativ sind Operationen. 2004 wurde unter der rot-grünen Bundesregierung die Fallpauschale im Gesundheitswesen eingeführt. Das System dahinter: Krankenhäuser werden nach Fällen bezahlt. Die Dauer des Aufenthaltes ist dabei egal. Vorher war es so, dass man, wenn man einmal im Krankenhaus lag, kaum mehr rausgelassen wurde. Damals wurde nämlich anders abgerechnet. Da wurden die Häuser für die Dauer der Behandlung bezahlt. Da ging man mit einer Sommergrippe hin und war froh, wenn man Weihnachten wieder raus war. Dann kam die Fallpauschale und seitdem sind die Krankenhäuser bemüht, möglichst viele Fälle möglichst schnell durchzuprügeln. Deshalb gibt's nach Operationen jetzt auch immer die sogenannte »englische Entlassung«. Also noch blutig.

Eine unmittelbare Konsequenz der Fallpauschale ist, dass vermehrt Operationen angesetzt werden, da die sich lohnen und die hohe Summen bringen. Interessanterweise gibt es bestimmte Operationen dort am häufigsten, wo es die meisten Spezialisten dafür gibt. Die Wahrscheinlichkeit zu erkranken ist trotzdem überall gleich hoch. In Bayern aber ist die Wahrscheinlichkeit, am Darm operiert zu werden, gleich drei Mal höher als in Norddeutschland. Warum? Die einfache Erklärung wäre, dass es da halt mehr Arschlöcher gibt. Plausibel, trifft das Ganze aber nicht genau. Es liegt daran, dass es in Bayern mehr Spezialisten für diese OP gibt. Und diese Spezialisten wollen Kasse machen. Ähnlich verhält sich das in Nord- und Osthessen. Dort gibt es besonders viele Rückenzentren und nur dadurch ist die Rücken-OP-Bevölkerungs-Relation extrem hoch. Wenn Sie da mit Magenschmerzen zum Arzt gehen, bekommen Sie erst mal eine Rücken-OP. In der Eifel hingegen werden nur sehr wenig Operationen am Rücken durchgeführt. Das heißt, wenn Ihr Arzt in Hessen sagt, mit Ihrem Rücken stimmt was nicht, fahren Sie in die Eifel. Da sind Sie wahrscheinlich gesund.

Diese verquere Logik macht vor kaum einem Bereich halt. So werden im Saarland überdurchschnittlich viele Kinder per Kaiserschnitt zur Welt gebracht. Da gibt es viele Babys, die durch den Geburtskanal rausgucken und sagen: »Scheiße, ich bin im Saarland gelandet.« Und flutschen wieder rein. Was man durchaus verstehen kann. Aus medizinischer Sicht ergeben die vielen Kaiserschnitte überhaupt keinen

Sinn. Nur zählt die medizinische Sichtweise in der Medizin nicht mehr viel.

Die Fallpauschale hat folgenden Effekt gebracht: In den Krankenhäusern wird das größte Geld für Ärzte ausgegeben, die Operationen durchführen. Das spült am meisten in die Kassen. So kann es sein, dass eine Klinik, die auf Hals-Nasen-Ohren spezialisiert ist, noch einen Chirurgen einstellt, nur um mehr Operationen zu machen. Auch wenn das gar nicht zum Klinikprofil passt. Das heißt, die können als Klinik eigentlich vor allem Hals-Nase-Ohren, setzen dann aber auch neue Hüftgelenke ein. Wenn man Pech hat, durch die Nase.

Für die Kliniken muss das Geld stimmen, frei nach dem Motto: Moneten first, Mensch second. Gewinn ist da alles, ganz besonders, weil immer weniger Krankenhäuser noch in kommunaler Hand sind. Eine stetig wachsende Anzahl gehört privaten Betreibern, wie Helios, Alexianer oder Sana. Diese Firmen sind größtenteils Aktienunternehmen. Und sie sind mittlerweile so groß, dass sie weite Teile unseres Gesundheitssystems prägen. Und meinen Sie, denen geht es darum, dass Sie gesund werden? Oder darum, dass sie die Budgets komplett in die Patienten und deren Versorgung stecken? Nein. Denen geht es darum, dass die für ihre Shareholder Gewinne machen.

Das können Sie ganz leicht selber beobachten.

Nächstes Mal, wenn Sie ins Krankenhaus humpeln, öffnen Sie im Handy den Livestream von der Börse und sobald Sie an der Anmeldung »Aua« sagen, steigt stante pede der DAX.

Na klar, ein börsennotiertes Unternehmen hat als oberste Priorität, möglichst viel zu verdienen. Und was hilft beim Verdienen? Sparen, an allem, was kein Geld einbringt. So wie der Pflege. Von 1996 bis 2014 wurden 36 000 Pflegestellen an deutschen Krankenhäusern abgebaut. Weil die Kliniken nichts verdienen, wenn Sie im Bett liegen und fermentieren. Pflege bringt keine Kohle, also bringen Pfleger den Aktienkrankenhäusern, in ihrer Logik, rein gar nichts. Es verwundert also nicht, wie wenig menschenorientiert die Pflege in Deutschland organisiert ist. In den meisten EU-Ländern passt eine Schwester oder ein Pfleger auf vier bis sechs Patienten auf, in Norwegen auf drei. Bei uns auf zehn! Das Resultat aus dieser miserablen Unterbelegung sind massenhaft Extraschichten und Überstunden für die noch verbleibenden Pflegekräfte. Aber wenigstens werden sie dafür schlecht bezahlt. Krankenpfleger, Altenpfleger, Kinderpfleger, Erzieher verdienen alle viel zu wenig. Denn wir zahlen in diesem Land die Berufe am schlechtesten, die am wichtigsten sind. Was eine unglaubliche Schande ist!

Im Krankenhaus geht der Sparwahn noch weiter. Die Krankenzimmer sollen zwar für Mindestlohn, aber dennoch im Schnellverfahren gereinigt werden. Die armen Arbeiter müssen die Klinik quasi im Akkord durchfeudeln. Was kommt bei dieser betriebswirtschaftlichen Schiefberechnung raus? Die hygienischen Zustände in deutschen Krankenhäusern sind oft katastrophal. Und da geht es nicht um das bisschen Dreck unter den Schuhen der besuchenden Enkel. Da geht es um lebensbedrohliche Keime. Pro Jahr sterben in deutschen Kliniken fast 20 000 Menschen an Krankenhauskeimen. Einfach nur, weil zu wenig Geld und Zeit in die Hygiene gesteckt wird. 20 000 Tote jedes Jahr, weil sich Sauberkeit so schlecht abrechnen lässt. Wir überlegen zu Recht, wie man kriminelle islamistische Gefährder schnell abschieben kann. Falls sich da noch ein paar Plätze in den Flugzeugen finden lassen, würde ich da einige deutsche Klinikbetreiber mitschicken. Das würde die Sicherheit des Landes auch stärken, zumindest die der Gesundheit.

Die Politik plant, in Zukunft den Kosteneffizienzgedanken noch zu verschärfen, da vermehrt auf Privatisierung gesetzt werden soll. Die private Hand reißt sich immer mehr Kliniken unter den Nagel. Denn das ist ein lohnendes Geschäft. Im Gesundheitswesen wird ein enormer Umsatz von jährlich über 240 Milliarden Euro gemacht. Ein solcher Haufen blutgetränkten Goldes lockt natürlich allerlei Investoren und Geldmacher an.

Darunter sollen, Vermutungen zufolge, auch globale Player wie Amazon oder Google sein. Die wollen in das deutsche Gesundheitswesen einsteigen. Etwa in der Telemedizin. Da freu ich mich schon drauf. Wenn es nach jeder Untersuchung dann eine Nachricht gibt: »Kunden, die Brechreiz hatten, interessierten sich auch für Sodbrennen und Florian Silbereisen.« Auch medizinische Werbung stelle ich mir lustig vor: »Ihre Leberwerte werden Ihnen präsentiert von Leuthäuser-Doppelkorn.«

Das Gesundheitssystem ist krank. Um gesund zu werden, braucht es einen Umbau. Weg von der giftigen Lehre der Betriebswirtschaft hin zu einer der Gemeinschaft nützlichen Medizin. Ich persönlich blicke immer noch optimistisch in die Zukunft. Ich habe letztens meinem Hausarzt erzählt, dass ich fest an eine große Kehrtwende glaube, die wir als Gesellschaft gemeinsam vollbringen können, wenn wir es denn alle wollen. Ein neues Gesundheitssystem mit einer Bürgerversicherung, in die alle einzahlen, auch die Beamten, die Selbstständigen und die Abgeordneten, ohne Zweiklassenmedizin, mit Ärzten, die ihr Geld dafür bekommen, dass sie mit ihren Patienten reden und ihnen zuhören, Pfleger und Pflegerinnen, die besser bezahlt werden als Automanager oder sonstige Trickbetrüger. Reinigungskräfte, die für vernünftigen Lohn unsere Krankenhäuser so lange putzen dürfen, bis auch der letzte Keim hinüber ist, und eine Medizin, die den Menschen als Menschen sieht. Und nicht als Kostenfaktor. Diese meine Zukunftsvision habe ich ihm erzählt.

Und was soll ich Ihnen sagen? Er war hocherfreut. Er hat mich umarmt! Und er hat mir dann gleich ein Angebot gemacht. Für einen Hirnfunktionstest für 800 Euro.

Steuern und Krisen

Im Vertrag der »Ampel«, dem Regierungsbündnis von FDP, Grünen und SPD heißt das umfangreichste Kapitel »Zukunftsinvestitionen und nachhaltige Finanzen«, mit unzähligen Details von den Kommunalfinanzen bis zur europäischen Finanzpolitik. Zwei Begriffe sucht man vergebens in diesem Kapitel, aber auch im gesamten Bündnisvertrag, »Vermögenssteuer« und »Erbschaftssteuer«. Die Begriffe existieren hier ebenso wenig wie diese Steuern hierzulande.

Nun ist die Diskussion darüber nicht neu. Eine Vermögenssteuer wird seit 1997 faktisch nicht mehr erhoben und die Erbschaftssteuer ist weitgehend irrelevant. Nach einer aktuellen Berechnung der Böckler-Stiftung fallen bis 2027 jährlich Erbschaften in einer Höhe von etwa 400 Milliarden Euro an. Nach eigenen Angaben nahm die Finanzverwaltung im Jahr 2020 genau 8,6 Milliarden Euro an Erbschaftssteuern ein: Das sind 2,15 Prozent. Hier wäre also noch jede Menge Luft nach oben.

Das Grundproblem ist ja, dass Steuern nicht nur zur Staatsfinanzierung beitragen, sondern auch den Gerechtigkeitsdiskurs prägen. Ungerechte Verteilung gefährdet die Demokratie und das Gemeinwohl. Im Zuge der Globalisierung kam es zu einer extrem unterschiedlichen Steuerbelastung bzw. -entlastung, vor allem durch die Möglichkeit, sein Geld an den Finanzverwaltungen, und das sind am Ende die Staatsgrenzen, vorbeizuschleusen. Darüber hat es übrigens nie eine kollektive Debatte oder politische Entscheidung gegeben.

Entscheidend ist, was besteuert wird, und der Unterschied beginnt schon bei Einkommen und Vermögen bzw. den Erträgen. Extrem Reiche können ihr Vermögen so gestalten, dass wenig Erträge anfallen und der Reichtum so strukturiert ist, dass kaum Einkommen dabei herauskommt. Kapitaleinkommen werden bevorzugt behandelt, Dividenden etwa werden pauschal mit einem niedrigen Satz besteuert, während Löhne oder Gehälter bei der Besteuerung der vollen Progression unterliegen.

Hinzu kommt, dass der Einkommensempfänger kaum die kreative Möglichkeit hat, je nach Wohnsitz seine Steuer zu gestalten. Liechtenstein, Zürich oder die Cayman-Inseln sind ja als steuervermeidende Wohn- bzw. Firmensitze

bekannt. Aber wer redet schon von Monheim am Rhein, Grünwald bei München oder Zossen in Brandenburg? Drei Gemeinden in Deutschland, die als Gewerbesteuererparadiese gelten und in denen zahlreiche Unternehmen ihren Sitz angemeldet haben. Allerdings nur auf dem Papier. Sie haben hier lediglich einen Briefkasten oder einen Schreibtisch gemietet, um Steuern zu sparen, denn hier sind die Sätze für Gewerbesteuer erheblich niedriger. Nichts gegen das Recht der Gemeinden, ihre Gewerbesteuersätze selbst zu bestimmen, aber in diesen Fällen wäre der Fiskus selbst gefragt. Wie wäre es z. B. mit mehr Finanzbeamten bei der Steuerfahndung, die jeden Montagmorgen vorbeischauen, ob wirklich jemand an diesem fiktiven Schreibtisch in Monheim sitzt? Um anschließend die Gewerbesteuer da zu kassieren, wo tatsächlich produziert wird. Die Süddeutsche Zeitung schätzte Anfang 2022, dass allein bei diesem Spiel dem deutschen Fiskus rund eine Milliarde entgeht.

Gabriel Zucman, 35-jähriger Shootingstar der Wirtschaftswissenschaften und Chef einer neuen europäischen Steuerbeobachtungsstelle, schlägt für die Einkommensteuer einen Spitzensatz von 60 Prozent vor. Zur Zeit liegt er in Deutschland bei 42 bzw. 45 Prozent, während es selbst in der Kohl-Zeit in den 1980er-Jahren noch 56 Prozent waren. Nach Zucmans Berechnungen würden allein die Steuereinnahmen aus diesen 60 Prozent Spitzensteuer bei uns etwa 3 bis 4 Prozent des Bruttoinlandprodukts ausmachen. Und nur mal zur Relation: Die gesamte Landwirtschaft trägt in Deutschland weniger als 1 Prozent zum Bruttoinlandprodukt bei.

An dieser Stelle sei an Pareto erinnert. Der italienische Ökonom und Soziologe Vilfredo Pareto (1848–1923) hat die Regel aufgestellt, nach der 80 Prozent der Ergebnisse mit 20 Prozent des Aufwandes zu erreichen sind. 20 Prozent der Kriminellen begehen 80 Prozent der Verbrechen, 20 Prozent der Autofahrer verursachen 80 Prozent der Unfälle und 20 Prozent der Biertrinker trinken 80 Prozent des Bieres. Was er 1906 an der Verteilung des italienischen Grundbesitzes belegt, gilt heute genauso, wenn 20 Prozent der Weltbevölkerung 82,7 Prozent des Weltvermögens besitzen. Um gemäß dieser Faustregel auf 80 Prozent der Staatseinnahmen zu kommen, könnte man – Pareto kreativ gedacht – auf die 20 Prozent der bisher steuersparenden Reichen zurückgreifen.

Es ist doch merkwürdig, dass mit der Prosperität, dem wirtschaftlichen Wohlstand unserer Gesellschaften, die Steuersätze sinken, während nach Krisen und vor allem nach Kriegen ganz andere Leistungen vom Steuerbürger eingefordert werden. Ob Lastenausgleich. Soli oder Inflation. In den USA verfügte US-Präsident Franklin D. Roosevelt 1933 anlässlich der großen Wirtschaftskrise in seinem Land einen Spitzensteuersatz von 79 und einen Erbschaftssteuersatz von 77 Prozent. Man könnte darüber nachdenken, wie nach der jahrelangen Coronapandemie, mit den Kosten für Klimawandel und den Folgelasten des Ukrainekrieges bei gleichzeitiger Zunahme von Höchstvermögen hierzulande ein auskömmlicher Lastenausgleich aussehen könnte.

Aber wahrscheinlich wird es genau so bleiben, wie es schon die Bibel kennt und man beim Apostel Matthäus nachlesen kann: »Denn wer hat, dem wird gegeben, [...] wer aber nichts hat, dem wird auch das genommen.« (Kap. 25, Vers 29) Ein Prinzip, das die Theologie wie die Finanzwissenschaft als »Matthäus-Effekt« kennt.

GURKEN AN DIE MACHT

Die Wissenschaft ist lange von einem grundsätzlich egoistischen Denken der Tiere ausgegangen. Diese Ansicht ist überholt. Löwen jagen beispielsweise gemeinschaftlich, Schimpansen kooperieren und organisieren so ihr Futter, Hühner brüten gegenseitig ihre Eier aus, Ochsen und Esel schließen sich zusammen und bilden die CSU. Besonders faszinierend sind die Treiberameisen. Stehen die an einem unüberquerbar scheinendem Wasserlauf, dann verhaken die sich alle ineinander und bilden eine lebendige Brücke. Allein um über den scheiß Fluss zu kommen. Ich kenne die Taktik. Ich habe das zusammen mit einer Menge anderer Autofahrer vor der Leverkusener Brücke auch schon probiert.

Dass das Leben besser ist, wenn man kooperiert und anderen hilft, weiß jeder. Der Mensch sucht die Gemeinsamkeit. Gemeinsam machen viele Dinge mehr Spaß. Das ist ja auch so im Kabarett. Wenn ich allein ohne Publikum auftreten müsste, hätte ich überhaupt keinen Spaß daran. Ist doch klar: Ich kenne das Programm schon, hab einen Stehplatz und sehe vom Protagonisten meist nur die Köpfe. Erst durch das Publikum fühle ich mich auf der Bühne wohl. Manchmal will ich aus den Auftrittsorten gar nicht mehr weg. Man bleibt ja doch am liebsten dort, wo man netten Leuten begegnet. Oder meinen Sie, in Bergheim lebt man wegen der Architektur? Oder in Prüm wegen des Nachtlebens? Die Kontakte, die Gemeinschaft machen es eben immer aus. Auch lachen ist noch freudvoller, wenn alle es tun.

Gilt das auch für ganz materielle Dinge, gilt das auch für Geld? Ist es auch beglückender, sein Geld zu teilen? Lassen Sie uns dazu in ein kleines Experiment hineintauchen. Sie sitzen nicht mehr gemütlich in Ihrem Leseohrensessel, sondern im Zuschauerraum bei einem Auftritt von mir. Zum Glück nicht allein, der Saal ist gut gefüllt. Sie wollen also ruhig Ihren Kabarettabend genießen, da hören Sie von mir auf einmal die Worte: »Sie alle haben heute Abend gemeinsam in mich als Auftretenden investiert. Das find ich richtig nett von Ihnen, danke, danke. Ich möchte Ihnen gerne etwas zurückgeben und das verbinden mit dem bekannten Ultimatum-Experiment.« »Och nee«, denken Sie, »Publikumsbeteiligung im Kabarett, da habe ich immer so ein Pech und werde rausgepickt.« Und recht haben Sie. Schwupps, stehe ich leicht grinsend vor Ihnen, ein Scheinwerfer wird auf Sie gerichtet, ich frage Sie nach Ihrem Namen und halte Ihnen ein Mikrofon unter die Nase. Nach kurzem Vorstellgeplänkel drücke ich Ihnen 20 Euro in die Hand. Verblüfft schauen Sie mich an und ich erkläre: »Die Karte, die Sie für heute gekauft haben, hat ja ungefähr 20 Euro gekostet. Diese 20 Euro habe ich Ihnen gerade wiedergegeben. Die gehören Ihnen. Ich habe nur eine kleine Bedingung. Sie müssen jemandem in diesem Raum etwas von dem Geld abgeben. Wie viel, das können Sie selbst bestimmen. Ich schau mal, ob ich einen Kandidaten finde. Wer will sich denn noch etwas dazuverdienen?« Schnell ist ein weiterer Zuschauer ausgewählt, Klaus, viel Getuschel und Gelache füllt den Raum, während Sie noch immer etwas überfordert mit der Gesamtsituation sind. »Also«, hören Sie meine Stimme wieder an Sie gerichtet, »die 20 Euro gehören Ihnen, aber Sie müssen dem Klaus etwas abgeben. Den Betrag dürfen Sie ganz frei bestimmen. Das kann ein Cent sein, das können 19,99 Euro sein, Sie können so viel oder so wenig teilen, wie Sie möchten. Wenn der Klaus Ihr Angebot akzeptiert, behalten Sie beide den ausgemachten Betrag. Sollte Klaus Ihr Angebot nicht annehmen, kriegt keiner etwas von dem Geld. Also, was bieten Sie zum Teilen an?«

Sie überlegen fieberhaft und spüren den sozialen Druck steigen. Sie denken: »Einerseits war die

Karte ja schon teuer und quasi kostenlos lacht's sich im Kabarett noch besser. Aber mit fünf Cent oder so etwas Nichtigem wird sich der Klaus bestimmt nicht abgeben. Der sieht aus wie eine harte Verhandlungs-nuss, den muss ich schon locken, auch wenn ich ja eigentlich der Erste war. Also ganz die Hälfte be-kommt der nicht. Aber mehr als ein Drittel muss es schon sein, sonst denkt ja auch der ganze Saal, was für ein egoistischer Idiot ich sei. Also, hmm, dann sag ich irgendetwas Krummes, knapp unter der Hälfte. Wir sind ja schließlich im Kabarett, im Kabarett ist man lustig und krumme Zahlen sind lustig.« Nach diesen Überlegungen sagen Sie mutig ins Mikrofon: »9,82 Euro biete ich dir an, Klaus.« Wie erhofft geht der krummen Zahl wegen ein kurzes Lachen durch den Saal. Dann warten alle auf Klaus' Antwort. Der räuspert sich, grinst kurz und willigt ein. Experiment geglückt. 9,82 Euro für Klaus und 10,18 Euro für Sie. Klaus sagt noch, dass er es für weniger nicht gemacht hätte. Genau richtig gepokert.

So, dieses kleine Ultimatum-Experiment haben Sie überstanden. Und es läuft meistens auf dieses Er-gebnis heraus. Haben wir die Wahl, den Betrag des Teilens zu bestimmen, bieten wir meistens zwischen 40 und 50 Prozent. Werden weniger als 30 Prozent geboten, wird das Angebot in der Regel abgelehnt. Das ist doch seltsam. Egoistisch gedacht wäre es doch das

Beste, der Empfänger der 20 Euro bietet einen Cent an und behält so 19,99 Euro. Das wäre der maximal mögliche Gewinn. Und im Grunde müsste auch der andere mit dem einen Cent zufrieden sein. Denn wenn er ablehnt, bekommt er ja gar nichts. Rational gesehen müsste er jede Teilmenge akzeptieren. Macht aber kaum jemand. Auch Tiere nicht.

Das kam zum Beispiel in einem Experiment mit Kapuzineräffchen heraus. Die Forscher haben die Tiere dazu gebracht, Gegenstände zu transportieren. Ein fröhliches Gewusel, alle Äffchen hatten Späßchen. Bis zu dem Augenblick, in dem eine Teilgruppe eine Belohnung für ihre Aufgabe erhalten hat. Es gab ein Stück Gurke. Die anderen Kapuzineräffchen haben das mitbekommen, und da sie keine Gurke bekamen, wollten sie auch nicht mehr kooperieren und weiter Sachen rumschleppen. Die Hilfsbereitschaft war dahin. Alle haben nur noch an sich gedacht. Und das hat man ja auch bei der Finanzkrise und den Bankvorständen gesehen: Wenn Gurken die Macht übernehmen, ist eine Gesellschaft am Ende.

Wenn wir sehen, dass andere Menschen viel mehr haben als wir, kommt sofort das Gefühl von Ungerechtigkeit und Neid auf. Das ist wie in der Geschichte, wo das alte Ehepaar zusammen am Fenster steht und sieht, wie sich im Nachbarhaus ein Mann von seiner Frau verabschiedet. Der küsst die heiß und innig, mit Zunge und allem Pipapo. Und da sagt die Frau: »Näh, ist dat schön. Warum mähs du dat nit?« Und der Mann sagt: »Ich kenn die doch gar nicht.«

Das Rauchen ist bei allen gleich

»Glück wächst nicht mit dem Einkommen.« Auf diese überraschende Formel kam der amerikanische Wirtschaftswissenschaftler Richard Easterlin bei seinen Studien über Glück und Lebensqualität. Und weil das offensichtlich nicht selbstverständlich ist, wird das seitdem als »Easterlin-Paradox« bezeichnet. Kurz gesagt ist es die Erkenntnis, dass Geld nur kurzfristig die Stimmung hebt – vorausgesetzt, die Grundbedürfnisse nach Wohnung, Nahrung, Arbeit sind befriedigt. Und das gilt für Individuen genauso wie für Staaten, ganz gleich, mit welchem System. Ob arme oder reiche Länder, exkommunistisch oder spätkapitalistisch, nirgends wächst die Zufriedenheit mit dem Bruttosozialprodukt.

Denn erstens steigen die Bedürfnisse mit den Einkommen, das Glück aber mit den Verhältnissen. Zweitens vergleichen sich die Menschen mit den Nachbarn und nicht mit der Statistik. Und drittens mindern krasse Gesellschaftsunterschiede die Lebensqualität, und zwar für Arme wie Reiche gleichermaßen. So leben selbst Reiche in ungleichen Ländern kürzer und sind kränker als ihre Klassenkollegen in einer egalitäreren Gesellschaft. So ist – das nur ein Beispiel – die Lebenserwartung in Bangladesch etwa höher als in Harlem, trotz extrem niedrigem Sozialprodukt.

Bei Konservativen und FDP-Anhängern steht die Forderung nach Gleichheit unter dem Verdacht des »Neides«, weil sich Gleichheit und

Freiheit angeblich ausschlössen. Und selbst Sozialdemokraten wollen mittlerweile Gleichheit als politische Forderung nur noch in der Schrumpfform als »Chancengleichheit« gelten lassen. Dabei spricht der Faktencheck fürs Gegenteil. Alle Studien über Gleichheit und Glück kommen zu ähnlichen Ergebnissen: Je ungleicher es in Gesellschaften zugeht, umso unglücklicher sind ihre Mitglieder. Wo hingegen eine gewisse soziale Gleichheit herrscht, werden die Menschen älter, ist die Kindersterblichkeit geringer, recyceln die Menschen mehr Müll, gibt es weniger Drogenabhängige und Übergewichtige. Mit einem Wort: Die Gleichheit ist wichtiger als das Bruttosozialprodukt. Ein anderes Beispiel: Studien über den Zusammenhang von Krankheit, Bildung und Einkommen zeigen, dass Fettleibigkeit in allen Schichten zunimmt, wenn große Ungleichheit herrscht, und das ist keine Frage der Esskultur oder der kulinarischen Tradition. Dabei geht es nicht um die absoluten Unterschiede, sondern die relativen.

Es kommt also auf den Abstand an und auf die Minderung von Ungleichheit. Das ist gesellschaftlich entscheidend, etwa durch die Steigerung von Gerechtigkeit durch Politik, durch Steuern oder Bildung, den Zugang zu den öffentlichen Gütern und vor allem die Arbeit. Die Studien machen in aller Regel Arbeit als zentralen Glücksfaktor aus, weil sie Wert und Nutzen des Einzelnen unterstreicht. Dann folgen Demokratie, Partizipation, Mitwirkungsrechte. Wird der Mensch ernst genommen, steigt sein Glücksgefühl. Wobei die Messung von Zufriedenheit oder Glück in Bezug auf öffentliche Güter, auf saubere Luft etwa, gute Schulen oder Sicherheit, Behörden und Staat schwerer zu quantifizieren ist, aber ganz sicher eine Rolle spielen.

Nur zwei Faktoren beim Unterschied gleicher und ungleicher

Gesellschaften weichen deutlich auf der Erkenntnisskale ab, das sind Mord und Selbstmord. In egalitären Gesellschaften gibt es mehr Selbstmorde und in ungleichen mehr Morde. Nur das Rauchen ist bei allen gleich.

Drei Hochzeiten und ein Verdachtsfall

Fair teilen ist wichtig. »Ich 80 Prozent, du 20« – das ist zwar auch geteilt und ergibt auch 100, ist aber keineswegs fair. Viele gesellschaftliche Probleme lassen sich auf das Gefühl eines ungerechten Teilens zurückführen. Ganz besonders kann man das an der noch heute, 30 Jahre nach dem Mauerfall, andauernden Spaltung zwischen West und Ost in unserem Land beobachten. So ganz genau weiß keiner, warum wir uns eigentlich immer noch nicht verstehen. Damals herrschte doch eine so große Aufbruchstimmung. Ost und West endlich wieder vereint. Das war ein Rausch! Auch ein Rausch der symbolischen Bilder: 1989, die Mauer fällt, Tausende Ostdeutsche kommen mit ihren Trabbis freudetrunken über die Grenze, wo sie von Tausenden Westlern empfangen werden, die dicht an dicht um die Autos stehen. Viele, um gemeinsam mit den Ostdeutschen zu feiern. Einige, um zu verhindern, dass die aussteigen. Der Anfang der Spaltungsüberwindung war wie bei einer neuen Beziehung. Man hat sich beschnuppert, hat sich kennengelernt und hat gemerkt, was einem am anderen fremd vorkommt. Da liefen dann die Ostdeutschen durch den Westen und sagten: »Och, warum hängen hier überall bunte Plakate?« Und die Westler sagten: »Das ist normal. Das ist Werbung. Aber sagt mal, warum hängt bei euch überall ein Bild von einem Nussknacker?« Und die Ostdeutschen sagten: »Das ist auch normal. Das ist Egon Krenz.«

Trotz oder gerade wegen der Unterschiede herrschte anfangs Aufbruchsstimmung. Die Mauer war weg. Alle kaputten Gebrauchtwagen wurden in den Osten verkauft. Durch Ostdeutschland fuhr der Beate-Uhse-Bus. Und viele Ostdeutsche dachten: »Der Westen ist toll! Das ist eine Form von Nahverkehr, die hier gefehlt hat!«

Inzwischen ist die Euphorie verschwunden, die Zwistigkeiten sind nach 30 Jahren, wie in jeder Beziehung, Teil des Alltags geworden. Mancher vergisst sogar den Hochzeitstag, den Tag der deutschen Einheit am 3. Oktober. 60 Prozent der Deutschen haben mittlerweile die Einstellung: »Ich hab da nix zu feiern.« Nur 40 Prozent hingegen sagen: »An dem Tag lebe ich vor, wie Völker zusammenkommen. Ich fahr nach Holland, da haben die Geschäfte auf.«

In Köln gab es letztens eine repräsentative Umfrage. Da wurde gefragt: »Haben Sie in letzter Zeit mal eine abgehängte Stadt im Osten besucht?« Da sagten nur

20 Prozent »Ja«. Und 80 Prozent: »Nee, ich war länger nicht in Gummersbach.«

Nach der Wende ist viel schiefgelaufen, es ist einfach eine Menge im Osten kaputtgegangen. Die Versprechen Kohls hat man heute noch in den Ohren. Der versprach den Ostdeutschen blühende Landschaften. Wenn man sich heute die Wahlergebnisse der AfD im Osten anschaut, fragt man sich: »Warum stehen in den blühenden Landschaften so viele Pissnelken herum?«

Die Ergebnisse sind erschreckend, aber sie resultieren aus tiefgreifender Unzufriedenheit. Ein wichtiger Grund ist sicher das Gefühl, dass der Osten nach der Wende schlechter abgeschnitten hat, weil nicht fair geteilt wurde. Heute steht der Osten in puncto Arbeitslosenquote, Schulen, Straßen und Infrastruktur eigentlich nicht schlechter, zum Teil sogar besser da als der Westen. Trotzdem hat sich das Gefühl der Ungerechtigkeit mit Widerhaken in der ostdeutschen Seele festgesetzt. Das Gefühl wird auch von Tatsachen gefüttert. Zum Beispiel verdienen Ostdeutsche immer noch weniger als Westdeutsche. In Führungsetagen der deutschen Hochschulen und DAX-Konzerne sind Ostdeutsche rar, sodass sogar im Osten fast alle Schlüsselpositionen von Wessis besetzt sind. Dazu gibt es in vielen Gegenden im Osten zu wenig Arbeit, nur noch alte Leute und viel zu wenig Frauen. Das sind schwerwiegende Probleme. Vor allem da gerade junge, schlaue Frauen aus dem Osten wegziehen, um im Westen gute Jobs anzutreten. Das ist hart für den Osten. Die Frauen sind weg. Es gibt kaum noch Ärzte. Die katholische Kirche spielt keine Rolle. Das heißt, viele haben gar keine Chance, mal nackt abgetastet zu werden.

Der Osten ist so strukturschwach, in manchen Orten gibt es pro Jahr nur noch drei Hochzeiten, drei Scheidungen und drei Geburten. So was schafft im Westen Boris Becker in einer guten Woche. Durch all diese Faktoren entstehen die hohen Wahlergebnisse der AfD. Die werden nun mal häufig aus Frust gewählt. Fragen Sie die Ostdeutschen, warum die AfD so stark dort ist, wird häufig ein Argument genannt: »Weil der Osten weniger hat als der Westen.« Das stimmt. Nur ist das nichts Einzigartiges. Ja, im Osten verdient man weniger als im Westen, gleichzeitig sind die Gehälter im Süden der Republik wesentlich höher als im Norden. Der Lohnunterschied zwischen Schwaben und Ostfriesland liegt zum Teil bei 1000 Euro. Und? Wählen die Ostfriesen deshalb mehrheitlich AfD? Nee, die gucken auf ihre schöne Landschaft und sagen sich: »Bin ich froh, dass ich nicht in Schwaben wohnen muss.«

Mir ist das unerklärlich: Wenn mein Nachbar mehr verdient als ich, dann kann ich auf den neidisch sein.

Ich kann den auch blöd finden. Ich kann mich auch ärgern, dass ich nicht mehr kriege. Aber warum zum Teufel muss ich deshalb AfD wählen? Was ist das für eine unsinnige Reaktion? Kauft dieser nervig reiche Nachbar sich dann einen teuren neuen Mercedes, dann sag ich doch nicht: »Boh, der hat ein dickeres Auto als ich. So. Zur Strafe werde ich jetzt Nazi.« Das mach ich nicht. Ich bleibe da ganz locker, besonnen und verkratze dem nachts in aller Ruhe den Lack.

Viele Leute aber lassen sich von braunen Parolen aufwiegeln. Dabei ist AfD wählen gerade hinsichtlich der wirtschaftlichen Probleme im Osten kein lösungsorientiertes Handeln. Hauptthema der AfD ist immer noch die Zuwanderung. Damit punkten die bei den Wählern, obwohl es im Osten fast keine Ausländer gibt. Und obwohl dieses Fehlen strukturelle Nachteile ergibt. Nach Aussage des BDI und der Arbeitgeberverbände, denen nun wirklich keine Sozialismussympathie nachgesagt werden kann, fehlen überall in Deutschland in allen Bereichen jede Menge Arbeitskräfte. Ein Problem, das im Westen durch Zuwanderer aufgefangen wird. Aber welcher Zuwanderer will schon in den Osten? Vor lauter Arbeitskräftemangel verlassen viele Firmen ihre Standorte im Osten. Eklatant ist das Fehlen von Personal im Gesundheitswesen. Ich finde, in den Krankenhäusern sollte man ein neues Vorgehen etablieren. Wer im Osten

AfD wählt, sollte sich dazu ganz frei und öffentlich bekennen. Wenn diese Person dann einen Krankenwagen benötigt, sagen wir wegen eines Herzinfarkts, dann bin ich gespannt auf dessen Gesicht, wenn eine freundliche Stimme am Notruf sagt: »Danke für Ihre Meldung. Wir werden Ihnen einen deutschen Mitarbeiter schicken, sobald sich auf unsere Ausschreibung jemand gemeldet hat.«

Im Osten muss niemand hungern. Es gibt Arbeit und Chancen. Dennoch bleibt das Gefühl, dass nicht fair geteilt wird. Weil viele ostdeutsche Bürger zu Recht die Anerkennung ihrer Lebensleistung bemängeln. Die versprochene Vision eines zusammenwachsenden Landes hat sich so nicht erfüllt. Nach der Wende wurden die Ostdeutschen von den Wessis wie unmündige Kapitalismuslehrlinge behandelt. Damals hat kein Westdeutscher überlegt, ob wirklich alles kapitalistisch organisiert sein muss, ob es nicht Dinge in der DDR gab, von denen man hätte lernen können. Gut, sicher nicht die Stasi. Daten sammeln kann Google besser.

Jeder Jeck ist anders.
Über den Kompromiss

Man weiß nicht, wer den Kompromiss erfunden hat, jedenfalls ist es eine der großartigsten sozialen wie kulturellen Leistungen der Menschen. Er macht möglich, Streitigkeiten und Differenzen zu beenden, ohne dass es Sieger und Verlierer gibt. Bei manchen allerdings sinkt sein Image, er wird für ein Zeichen der Schwäche gehalten. Typisch FDP-Lindner bei der geplatzten Regierungsbildung 2017: »Es ist besser, nicht zu regieren, als falsch zu regieren.« Und auch wenn er jetzt 2022 mitregiert, ist der Kompromiss wohl weiter ein Problem.

Dabei ist der Kompromiss notwendiges Werkzeug in der Demokratie, die als offene Gesellschaftsform immer von zuwiderlaufenden Interessen und Konflikten geprägt ist. Konflikte sind aber unvermeidlich und grundsätzlich auch positiv. Der Kompromiss hilft, widersprüchliche Interessen zu integrieren und eine breitere Akzeptanz zu erreichen. Voraussetzungen sind allerdings Training, Lernprozesse, die Fähigkeit, die andere Seite wahrzunehmen und den eigenen Standpunkt zu relativieren. Doch diese Fähigkeiten nehmen ab, wie der Gebrauch von Social Media zunimmt. Hier bewegen sich Menschen zum allergrößten Teil unter ihresgleichen, die Kommunikation findet unter Freunden statt und Kompromisse sind nicht nötig, weil es kaum Konflikte gibt. Social Media sind selten öffentlicher

Raum, aber mit dem öffentlichen Raum beginnt Demokratie, seit der Agora in der griechischen Antike.

Der Soziologe Aladin El-Mafaalani hat sich mit dem Phänomen zunehmender Konflikte in Zuwanderungsgesellschaften beschäftigt und ein zunächst merkwürdig klingendes Integrationsparadox behauptet. Gelungene Integration erhöhe das Konfliktpotenzial, weil zwei Seiten, die zuvor nichts miteinander zu tun hatten, miteinander reden, reden müssen. Er hat das Bild vom gleich großen Kuchen gebraucht, der jetzt unter mehr Menschen verteilt werden müsse, die am Tisch Platz genommen haben und auch ein Stück wollen. Dasselbe Bild hat übrigens auch der frühere Wirtschaftsminister Ludwig Erhard gebraucht, wenn er den Kompromiss beschrieb als »die Kunst, einen Kuchen so zu teilen, dass jeder meint, er habe das größte Stück bekommen«. Anders als für Erhard ist das für Mafaalani

kein Trick, kein Kunststück. Er ist von der Integrationsleistung hierzulande überzeugt. »Was in 25 Jahren passiert ist, rechtfertigt es, von einem neuen Jahrtausend zu sprechen.« Und selbst die ständige Wiederholung von Urteil und Vorurteil beim Thema Migration, das gefühlte »Sich-im-Kreis-Drehen«, sei nichts weiter als der »anstrengende Prozess des Zusammenwachsens einer offenen Gesellschaft«.

Offene Gesellschaften sind ja nicht gekennzeichnet durch Migration, die gibt es auch in Russland oder Saudi-Arabien, sondern durch Teilhabe, Integration. Das ist Offenheit nach innen, während die Migration Offenheit nach außen darstellt. Beide werden im Migranten eins. Voraussetzung für die Integration sind Fähigkeit und Wille zum Streit. Die beste Leitkultur ist die Streitkultur, weil Streit und die Fähigkeit, sich mit Konflikten auseinanderzusetzen, zu konstruktiven Lösungen führt. Konfliktfreude aber auch Verständigungsbereitschaft sind dafür zentrale Aspekte, die allerdings rechtlich nicht vorgeschrieben werden können. Und das Ergebnis übrigens – und das als tröstender Blick in die Zukunft – sind keine homogenen Gesellschaften. Der Soziologe Armin Nassehi hat dementsprechend unsere derzeitige Gesellschaft als »die Gleichzeitigkeit von Unterschiedlichkeit« definiert. Und diese Gesellschaft wiederum wird hergestellt in der Kultur des Kompromisses.

Die Zeugen Rimowas

Der Gesundheitssektor ist nicht der einzige Bereich, der fast ausschließlich auf Profite und Gewinne ausgelegt ist. Der Wohnungsmarkt folgt, wie ein treudoofer Hund, dem gleichen raffgierigen Muster des Turbokapitalismus. Daraus entsteht leider keine bessere Welt für uns alle. Die Folge ist, dass viele Menschen Angst vor der Zukunft haben, weil sie nicht wissen, ob sie sich übermorgen ihre Wohnung noch leisten werden können. Wohnen wird in Deutschland immer teurer, gerade in den Städten.

Die Immobilienpreise und Mieten übernehmen heute die Funktion der mittelalterlichen Stadtmauern. Die bestimmen, wer in die Stadt darf und wer nicht. Diese Stadtmauern sind sehr stark befestigt und haben extra scharfe Wachen, da kommen nur noch wenige durch. Mittel- und Geringverdiener finden in den Städten kaum noch bezahlbare Wohnungen. Früher fing das der soziale Wohnungsbau auf, doch der wird, seit der Ära Kohl, in Deutschland konsequent zurückgefahren. Genau wie kommunale Krankenhäuser wurden auch Wohnungen der öffentlichen Hand immer mehr privatisiert.

Man geht davon aus, dass es in der Kölner Innenstadt für Geringverdiener irgendwann nur noch drei städtische Immobilien gibt: die Hohenzollernbrücke, die Deutzer Brücke und die Severinsbrücke.

Die Politik hat diese Entwicklung nicht gestoppt, eher sogar noch angefacht. Und so steigen die Immobilien- und Mietpreise munter weiter, immer auch getrieben von der Gentrifizierung. Dadurch werden im Millionärsumdrehen aus früher bezahlbaren Wohngegenden teure Trendviertel. Die alten Bestandsbauten werden für 10 000 Euro den Quadratmeter luxussaniert und dann teuer vermietet, inklusive Marmorbad und Concierge. Abschreckende Beispiele sind der Prenzlauer Berg in Berlin, das Schanzenviertel in Hamburg oder die Kölner Südstadt. Vor Jahren noch gab es da billige Wohnungen, die für jeden erschwinglich waren. Ich habe da in WGs gelebt, da hatte man keinen Concierge. Wenn es da geklingelt hat, hat der Schimmel aus dem Badezimmer persönlich die Tür aufgemacht.

Aber es war bezahlbar und dadurch waren die Viertel wunderbunt gemischt. Da gab es viele Studenten, Kreative, Ausländer und kleine, schnuckelige Läden. Genau dieser spannende Mix hat dann reiche Langweiler angezogen. Die nicht nur seelenlose Fas-

sadensanierungen und triste Anzugslangeweile gebracht, sondern auch die Preise in Chefetagenhöhen
getrieben haben. Heute ziehen da Investmentbanker,
Unternehmensberater und Werbefuzzis ein. Und viele
Proktologen. Die lassen sich ja da nieder, wo die meisten Arschlöcher sind.

In den Vierteln hat sich viel geändert und es kam
irgendwann der Punkt, an dem sich die alten Bewohner ausgegrenzt gefühlt haben. Statt der kleinen
ausländischen Gemüseläden gibt es heute nur Fein-
kostgeschäfte, Edelrestaurants und Studios für Yoga
und Thai Chi, wo sich die neuen Besserverdiener in
ihrem erkauften Viertel bei sehr, sehr langsamen Bewegungen entspannen sollen. Wenn ich mich früher
bei sehr, sehr langsamen Bewegungen entspannen
wollte, bin ich einfach auf die Post gegangen und hab
den Schalterbeamten bei der Arbeit zugeguckt.

Dass die alten Bewohner einfach durch reichere
Mieter verdrängt wurden, ist aber nur die halbe
Schreckgeschichte. In den teuren, hippen Wohnla-
gen werden zum Teil die Wohnungen überhaupt nicht
mehr zum Wohnen genutzt. Stattdessen werden die
als Airbnb angeboten, für wenige Monate, Wochen
oder auch nur Tage. Durch einst lebendige Quartiere
latschen heute häufig nur noch Touristen mit lärmen-
den Rollkoffern in der Hand, auf der Suche nach ihrer
Heimstatt. Ich nenne die immer die Zeugen Rimowas.

Wohnen in den Metropolen wird zum Luxusgut und was wird dagegen unternommen? Die Mietpreisbremse wird eingeführt. Aber die hat wohl irgendjemand mit dem Gaspedal verwechselt. Die Preise zünden weiter den Turbo. Unter dieser Entwicklung leiden fast alle Gesellschaftsschichten. Das Bild von Sozialwohnungen, in denen nur die Ärmsten der Armen wohnen, ist völlig überholt. In Bonn, Köln und Düsseldorf hat inzwischen jeder zweite Bürger ein Anrecht auf einen Wohnberechtigungsschein. Nur leider finden die meisten trotzdem keine bezahlbare Wohnung.

Man fragt sich da schon, wer überhaupt noch günstig wohnt. Höchstens ein paar wenige ältere Menschen, die ihre Mietverträge vor den Hexenverbrennungen abgeschlossen haben. Da gab es noch humane Preise. Nur ist denen die Wohnung oben im fünften Stock mittlerweile zu groß, wo doch nun die Kinder tot sind. Und zu hoch liegt sie auch. Das ist alles sehr beschwerlich mit Rollator, künstlichem Hüftgelenk und Einkaufstüten. Da würde sich natürlich eine kleine Wohnung im Parterre anbieten. Nur ist so eine neue kleine Erdgeschosswohnung durch die Mietpreisexplosion um ein Vielfaches teurer als die alte große Wohnung im fünften Stock. Es ist billiger, sie bleiben da wohnen und lassen sich jeden Tag vom Hubschrauber der Berchtesgadener Bergrettung abseilen.

Der Immobilienmarkt ist selbstverständlich nicht überall gleich. Auf dem Land herrscht, im Vergleich zu den Städten, nicht selten sogar die genau gegenteilige Situation. Wenn es in der ländlichen Region keine gut erreichbare größere Stadt in der Nähe gibt, ziehen da vermehrt Leute weg, ohne dass neue Bewohner dazukommen würden. Kaum jemand möchte noch auf dem Land leben. Das spiegelt sich in den Preisen wider. Während in den Städten der Wohnraum immer knapper wird, gibt's davon auf dem Land oft mehr als genug. Für den Preis einer Hundertquadratmeter-Wohnung in München-Schwabing bekommen Sie in Meck-Pomm ein ganzes Dorf. Gekauft. Mit Gärten, Straßen, Möbeln und dem Recht der ersten Nacht.

Insbesondere für die Jüngeren ist das Landleben nur noch mäßig attraktiv. Die Jungen gehen in die Stadt, die Alten bleiben im Dorf. In Thüringen gibt es die ländlich geprägte Region rund um Suhl. Da sind die Bewohner so alt, dass dort schon Galapagosschildkröten Urlaub machen, um die Ureinwohner zu bestaunen.

Diese Landflucht ist schon ein bisschen erstaunlich. Auf dem Land ist es doch eigentlich viel gemütlicher als in der Stadt. Reine Luft, versetzt mit leichtem Mistaroma, wunderbare, weite, grüne Landschaften, gestandene Dorfgemeinschaften. Man kennt sich, man hilft sich und wenn es noch eine Dorfkneipe gibt, dann hängen, im Gegensatz zu Berlin, da keine Hipster rum, die nur englisch sprechen. Nein, das sind Familienbetriebe. Da steht mal der Wirt hinter der Theke, mal sein Schwager, mal seine Schwester und mal seine Frau. Und das ist auf dem Land oft ein und dieselbe Person.

So gemütlich und familiär es auf dem Land zugeht, wollen die Leute doch lieber im Getöse der Großstadt wohnen. Einfach, weil man da in vierzig Kinos gehen und an jeder dritten Ecke kulinarisch experimentieren kann. Aber seien wir doch ehrlich: Am Ende geht man in keins der vierzig Kinos, sondern schaut Traumschiff auf dem heimischen Sofa. Und so ein richtiges kulinarisches Austoben ist selbst beim koreanischen oder vietnamesischen Essen kaum mehr möglich, so sehr musste die traditionelle Küche an unsere weichen Westlergaumen angepasst werden. Aber auf dem platten Land, z. B. am Niederrhein, gibt es Gaststätten, da kann man Euter essen. Euter! Ein Gericht, das aussieht wie panierter Gummihandschuh. Und auch so schmeckt! Das sind kulinarische Experimente.

Am Essen liegt es nicht, trotzdem gibt es auf dem Land schwerwiegende strukturelle Probleme. Als Erstes fällt einem meist die vorsintflutlich langsame Internetverbindung ein. Aber auch das Feld der medizinischen Versorgung der Landbevölkerung ist schlecht bestellt. Es ziehen ja nicht nur weniger Menschen aufs Land, es lassen sich auch kaum mehr Ärzte dort nieder. In vielen Gegenden gibt es mehr Tierärzte als Humanmediziner. Da gibt es schon die Empfehlung, beim Absetzen des Notrufs nicht »Aua« zu rufen, sondern »Muh«. Denken Sie mal daran, wenn Ihr Herz gerade vom Infarkt geschüttelt wird. Dass Ärzte fehlen, ist nicht nur in der Notversorgung zu beobachten. Die Wartezeiten für Sprechstunden-termine sind auf dem Land enorm lang. Teilweise sitzen 70-Jährige in den Wartezimmern, die sich beim Landarzt ursprünglich wegen Mumps angemel-det haben.

Die Lösung für die Zukunft soll in diesem Bereich die Telemedizin sein. Das heißt man kommuniziert von zu Hause über Videotelefonie, also Skype, Zoom oder Ähnliches, mit dem Arzt in der Großstadtpraxis. Im Grunde soll da sofort mit gestartet werden. Aber wie soll das möglich sein, wenn auf dem Land das Internet nicht vernünftig funktioniert? Um dem Arzt seine Hämorrhoiden zu zeigen, ist es schneller, sich nackt auf das Faxgerät zu setzen. Oder ihm davon eine Ansichtskarte zu schicken. Daher kommt übrigens der Begriff »Arschkarte«.

Die Attraktivität des Landlebens nimmt letztlich proportional zum Stadtzuzug ab. Und das ist der eigentliche Grund für die Wertsteigerung der Immobilien in den Städten. Es wollen einfach stets mehr Menschen dort leben. Natürlich, denn dort gibt es eine gute Infrastruktur, gibt es Universitäten, gibt es Kulturleben. Das sind alles Dinge, die von der Allgemeinheit zur Verfügung gestellt werden. Eine Stadt wird deshalb so attraktiv, weil ihr Gemeinwesen intakt ist. Genau deshalb gehören Immobiliengewinne stärker besteuert. Der Gewinn sollte nicht in die ohnehin gut gefüllte Tasche eines Einzelnen fließen. Der Gewinn sollte der Allgemeinheit zurückgegeben werden. Das wäre gerecht.

Dann wären die Kassen auch wieder gefüllt, um den sozialen Wohnungsbau kräftig voranzutreiben. Und dieser soziale Wohnungsbau würde dann nicht an den Stadtrand abgeschoben, sondern neue Projekte würden mitten in der Stadt, in den besten Lagen entstehen. Klingt utopiegetränkt, ist aber möglich. Man kann in diesem Falle sogar einmal von der Kirche lernen. Anstatt ihre Grundstücke zu verkaufen, haben die immer an die Zukunft gedacht und nur in Erbpacht vermietet. Wenn alle Kommunen und Städte so handeln würden, hätten wir bald Zustände wie in Wien. Dort ist über die Hälfte des Wohnungsbestands in genossenschaftlicher oder kommunaler Hand, wodurch die Mieten moderat geblieben sind. Mit'm bisserl Sozialismus geht's.

Auch Gottes Segen sollte sicher sein, denn Jesus sprach schon: »Ich hatte kein Obdach und ihr habt mir welches gegeben.« Notfalls fangen wir mit dem Kölner Dom an. Ich wette, mit Zwischendecken und Raufaser kann man da eine Menge draus machen.

GRUND UND BODEN.
DIE MUTTER ALLER PROBLEME

Werner Sombart, der große deutsche Soziologe, hat einmal die »Grundrente«, also den Gewinn aus Grund und Boden als »Mutter der Stadt« bezeichnet, und die Großgrundbesitzer, die die Stadt unter sich aufteilten, seien die genuinen Städtebildner. Venedig oder Köln wurden nicht reich durch Handel, sondern weil sie durch Grundrenten reich waren, konnten sie gewinnbringend Handel treiben. Nicht nur in Venedig ist die maximale Verwertung des Bodens heute noch die Mutter aller Ökonomie. Je häufiger dasselbe Stück Boden vermietet werden kann, umso profitabler. Deshalb ist die Airbnb-Zeitvermietung für die Immobilienbesitzer interessanter als ein normaler Mieter. So ist das Verhältnis von Airbnb-Unterkünften zu Mietwohnungen derzeit in Berlin 1:292, in New York 1:85, in Paris schon 1:40 und in Venedig, diesem Steinbruch des Massentourismus, 1:9. Und das ist nur die offizielle Statistik mit den gemeldeten Einwohnern. Moderne Stadtsoziologen nehmen für ihre Berechnungen längst die Anzahl der Wohnungen, in denen die Stromzähler Auskunft geben, welche tatsächlich bewohnt wird. Dann ist das Verhältnis für Venedig nur noch 1:3. Disneyland Paris ist heute dreimal so groß wie Venedig, und Disneyland Florida hat eine größere Belegschaft als Venedig Einwohner.

Das Problem ist eben, dass Boden – anders als Waren, die durch Produktion auf die Welt kommen – seiner Natur nach nicht vermehrbar ist. Das ist das eigentliche Problem, für das es keine wirkliche Lösung gibt, solange der Boden Handelsgut ist. Land ist ein Raumpartikel der Erdoberfläche und kein beliebig vermehrbares Geschäftsmittel. Und dabei ist das gewöhnliche Wohnen ein unproduktiver Konsum, bei dem nur der Gebrauchswert von Raum zählt. Produktiv dagegen ist eine Verwertung, die ihre Kundschaft massenhaft rekrutiert und am besten in kürzesten Intervallen. Monatliche Miete einer Wohnung für eine Familie ist gut, aber ein einzelnes Zimmer als Studentenbude ist besser. Noch besser ist ein Hotelzimmer mit einer täglichen Miete und am besten die 60-Minuten-Rendite im Stundenhotel.

Die Weimarer Verfassung von 1919 hat das noch gewusst: »Die Wertsteigerung des Bodens, die ohne eine Arbeits- oder Kapitalaufwendung auf das Grundstück entsteht, ist für die Gesamtheit nutzbar zu machen.« Ein entsprechender Vorschlag ist die »Planungsgewinnabgabe«, die es übrigens auch in der bayrischen Verfassung gibt. Danach wird der Gewinn von Grund und Boden, der durch öffentliche Planung entsteht, von der öffentlichen Hand abgeschöpft. In München beispielsweise stiegen die Bodenpreise von 1950 bis 2018 um 34 000 (in Worten: vierunddreißigtausend) Prozent, wie der frühere Oberbürgermeister Hans-Joachim Vogel in der Süddeutschen Zeitung beklagte. Er forderte lange eine ähnliche Abgabe, die »Bodenwertsteuer«, die von den Bodenbesitzern nach realem Wert – und nicht nach veraltetem Einheitswert – erhoben wird und die bestehende Grundsteuer ersetzt. Allerdings fehlt hier noch die Idee, dass die Hausbesitzer diese Steuer nicht wie die Grundsteuer auf ihre Mieter abwälzen dürfen.

Der Boden gehört allen. Gehört eigentlich. Er müsste dem Gemeinwohl dienen, denn er hat so elementare Bedeutung für die Menschen wie Luft oder Wasser. Den Boden kann man nicht nachordern wie Plastikenten oder E-Autos. Der Boden ist die Schlüsselfrage für unsere Zukunft – lassen wir mal die ökologische Frage kurz beiseite. Und um den vormaligen Heimatminister Seehofer zu plagiieren, nicht die Flüchtlingsfrage, die Bodenfrage ist die Mutter aller Probleme.

Konzepte wie Mietendeckel oder Baukindergeld, Wohngelderhöhung oder Sozialwohnungsbau und was sonst als Marktmaßnahme vorgeschlagen wird, füttern das System. Substanzielle Vorschläge wären: Wiedereinführung der steuerlichen Gemeinnützigkeit für öffentliche Wohnungsbauunternehmen; Veräußerung öffentlichen Bodens nur noch im Erbbaurecht; Abschaffung der Steuerfreiheit beim Bodenverkauf. Und am Ende würde mit Boden überhaupt nicht mehr gehandelt. Darüber wäre nachzudenken, eine Welt ohne Bodenbesitz. Das ist vorstellbar, auch wenn es dann nichts mehr zu vererben gibt.

Wo sind all die Utopien hin?

Unserer Gesellschaft mangelt es an Zukunftsentwür-
fen, an Visionen von einem anderen Zusammenleben,
Ideen für ein echtes Miteinander.

Die großen deutschen Parteien agieren völlig unin-
spiriert. Da sind keine großen Gesellschaftsentwürfe
mehr erkennbar. Die Politik hat sich viel zu stark
auf den Gedanken versteift, dass es Wählern nur um
Details ginge. Darum, dass der Steuersatz nun einen
Punkt höher oder niedriger ist. Darum, dass der Sprit-
preis zwei Cent billiger oder teurer ist. Darum, ob man
Cannabis im Coffeeshop kaufen kann oder bei Edeka.
Aber das ist den meisten Menschen doch völlig egal.
Mir auf jeden Fall. Es ist doch viel interessanter, nach
vorn zu schauen. Wohin geht die Reise? Was für große
Visionen haben wir eigentlich für eine gemeinsame
Zukunft?

Im Moment ist nicht unser Problem, dass wir hier
in einer schlechten Welt leben, sondern, dass wir
uns keine bessere mehr vorstellen können oder wollen. Ich wette, Deutschland ist das einzige Land der
Welt, in dem »Weltverbesserer« und »Gutmensch«

Schimpfwörter sind. Wie krank ist eine Gesellschaft, die jemanden abfällig beurteilt, der die Welt verbessern will?

Dabei gehört der Traum von einer anderen, besseren Welt zum Menschen. Utopien waren immer ein Motor der Entwicklung. Das Schlaraffenland zum Beispiel. Die Utopie einer Welt, in der man nicht arbeitet, nur feiert, säuft und lacht. Bis man gemerkt hat: Das gibt es schon. Das ist Köln.

Eine weitere wunderbare Utopie der Menschheit ist der Jungbrunnen mit seinem Versprechen der ewigen Jugend. Und diese Vorstellung versuchen viele mit ganzer Kraft zu verwirklichen. Da werden Botoxspritzen gesetzt, Fettwanste abgesaugt und jegliches Körperteil schönheitsoperiert. Auch die Kleidung wird dem Jugendwahn angepasst. Da stolzieren 80-jährige Rentner noch mit Sneakern und Capri-Hosen rum. Das müssen Sie sich mal anschauen. Setzen Sie sich einfach mal mit einer Thermoskanne Kaffee und einem leckeren Butterbrot sonntags mittags auf die Düsseldorfer Kö. Da laufen Gestalten auf und ab, bei denen sieht zwar die Hose nach der Sonneninsel Capri aus, aber das Gesicht nach der Gefängnisinsel Alcatraz.

In anderen Utopien ist die Gesellschaftsordnung das Thema. Wie bei der von Tomaso Campanella ersonnenen Utopie »Die Sonnenstadt«. In seiner Erzählung sind auf der Welt alle Menschen gleich. So gleich, dass sogar die klugen Menschen nur mit den Doofen Geschlechtsverkehr haben dürfen, damit hinterher alle Kinder gleich intelligent sind. Der Sex wird in der Sonnenstadt staatlich geregelt. Wenn da eine Frau einen Hochschulabschluss macht, kommt noch bei der Examensfeier direkt ein Beamter und sagt: »Herzlichen Glückwunsch, darf ich Ihnen Lothar Matthäus vorstellen.«

Das große Problem vieler Utopien ist natürlich die Umsetzung in der Realität. Nehmen wir noch einmal das Schlaraffenland als Beispiel. Hier gab es die Idee, dass man alles, was man begehrt, ans Bett gebracht bekommt. Heute gibt es das tatsächlich und nennt sich Amazon. Wenn man also Schuhe oder orthopädische Strümpfe will, werden die einem sofort gebracht. Nur, leben wir deswegen den Traum der Utopie? Leben wir in einer idealen Welt? Nein. Denn irgendjemand muss die Schuhe ja zu uns bringen. Das macht heute der Expressbote. Der ist kein Briefträger von früher mehr, kein Walter Sparbier, mit dem man sich in schönster Ruhe nett unterhalten hat und der Beamter auf Lebenszeit war. Der hat die Post so langsam ausgetragen, dass man dachte: Noch einmal austragen, dann ist die Lebenszeit auch um. So ein Briefträger, den man kannte und den der Hund gebissen hat.

Heute sind die Leute, die unseren Schlaraffenland-

Traum erfüllen, gehetzte Leiharbeiter, die für einen Mini-Stundenlohn den ganzen Tag im Akkord Pakete ausfahren und von ihrem Job trotzdem nicht über-leben können. Die heutigen Boten brauchen keine Angst mehr davor zu haben, dass sie ein Hund beißt. An denen ist zu wenig dran, die sind den Hunden zu mager. Das, was die lohngedumpten Boten überbrin-gen müssen, sind auch keine wichtigen Briefe mehr. Das ist Zeug und Gedöns, das wir aus Faulheit nicht selbst besorgen wollen. Ein Nachbar von mir bestellt beispielsweise alle drei Tage Schuhe bei Zalando. Der findet das praktischer und bequemer, als in ein Schuh-geschäft in der Stadt zu gehen. Da frag ich mich aber: Wenn du dein Haus nicht verlassen willst, wofür zum Teufel brauchst du dann überhaupt Schuhe?

WER STEIGERT DAS BRUTTOSOZIALPRODUKT?

Am Ende aber gewinnt bei den Utopien immer die Erzählung, auf die sich anscheinend die ganze Welt hat einigen können: der sich immer schneller drehende Kapitalismus. Dabei ist der Kapitalismus eine ziemlich distopieversetzte Utopie und keine, die das Leben aller verbessert. Denn seinen Erfolg misst der Kapitalismus am Wachstum des Bruttoinlandsprodukts. Aber für das Bruttoinlandsprodukt ist der ideale Mensch nicht der, der etwas Sinnvolles tut, glücklich, ruhig, gesund und zufrieden ist. Der ideale Mensch ist für das BIP einer, der spielsüchtig ist, Diabetes hat, permanent seine Nachbarn verklagt, den ganzen Tag arbeitet, abends säuft und Psychopharmaka nimmt. Dieser Mensch belebt die Wirtschaft. Er hält Casinos, Anwälte, Ärzte, die Pharmaindustrie und die Alkoholhersteller am Laufen. Im kapitalistischen System ist es nämlich irrelevant, ob die Menschen Gutes oder Schlechtes tun. Hauptsache, es rechnet sich. Das ist unser schwerwiegendstes Zukunftsproblem.

Die Menschheit hat ein ungemein großes Wissen.

Sie hat die Wissenschaften ersonnen, die Physik, die Biologie, die Astronomie, die Philosophie, die Literaturwissenschaft. Aber von allen Wissenschaften hat sich nur eine bis in den letzten Bereich wirklich durchgesetzt. Und zwar ausgerechnet die dümmste von allen: BWL. Die Wissenschaft für Leute, die schon als Kind Slipper mit so Lederbommeln tragen und versuchen, ihren Mitschülern die eigene Oma zu verkaufen. Als Erwachsene bestimmen diese BWLer dann unser Leben. Die dreiste Unverfrorenheit dieses Berufsstandes zeigt auch das aktuelle Beispiel der Firma Wirecard. Die hat, wie nun rauskam, mal eben so 1,9 Milliarden Euro verschwinden lassen. Alle waren geschockt. So etwas kannte man doch gar nicht, schwere Kriminalität in einem deutschen DAX-Konzern. Den Vorständen von VW ist vor Entrüstung fast der Abgastestfühler aus der Hand gefallen. Natürlich waren auch die Anleger erschüttert. Der Kurs der Wirecard-Aktie ist um 99 Prozent gefallen. Viele haben sich da betroffen gefragt: Was mache ich denn jetzt mit meinen Aktien, wo doch längst wieder genügend Klopapier auf dem Markt ist?

Die ganz große Frage war aber noch eine andere. Wie konnte es überhaupt zu einem solchen Betrug kommen? Und wieso ist niemand früher darauf aufmerksam geworden?

Es gab, wie in jedem Konzern, auch bei Wirecard,

Prüfungen. Beauftragt war dafür die Firma EY. Ihre Aufgabe war es, Betrügereien und Unregelmäßigkeiten im Betrieb zu suchen. Die berichteten aber jedes Jahr: Wir haben nichts gefunden – die Betrügereien sind absolut regelmäßig. Genaueres haben die Wirtschaftsprüfer nicht gesehen, obwohl journalistische Recherchen ständig Skandale über die Firma ans Schreibtischlampenlicht gebracht haben. Nach dem Motto: Wer nichts wird, wird Wirt. Wem auch dieses nicht gelungen, der macht in Versicherungen. Dafür zu doof? Es geht noch tiefer! Werd in Deutschland Wirtschaftsprüfer.

Das Paradox dieser Branche ist nämlich, dass die Wirtschaftsprüfer von den geprüften Firmen bezahlt werden. Das ist so, als würde der Kaufhausdetektiv von den Ladendieben bezahlt. Die Irrungen und Wirrungen gehen aber noch weiter, denn die Wirtschaftsprüfer selbst werden auch geprüft. Und zwar von einer Vereinigung, die aus ehemaligen Kollegen besteht. Das Ganze ist ein durchaus durchdachtes Dachschadensystem. Man prüft den, der für die Prüfung bezahlt, und wird geprüft von ehemaligen Prüfern. Deshalb hatte Wirecard auch als Berater Carl-Theodor zu Guttenberg. Der kennt sich als Adeliger mit inzestuösen Verbindungen aus.

Vor allem wollte die Deutschlands ehemalige Lieblingsgelfrisur als Lobbyisten, um das Geschäft mit

China anzukurbeln. Die dachten, das wäre ein cleverer Schachzug. Schließlich passt der Guttenberg ausgezeichnet zu China, beide können gut kopieren.

Wirecard bekam für eines dieser großen Chinageschäfte sogar Unterstützung von der damaligen Bundeskanzlerin Angela Merkel. Versuchen Sie mal in Deutschland als normale Einzelperson Unterstützung vom Staat zu bekommen. Da dürfen Sie schon bei der Bedarfsprüfung schön Ihr gesamtes Leben inklusive wöchentlichem Socken- und Schlüpferverbrauch auflisten. Aber diese unseriöse Firma hat einfach so auf allen Ebenen politische Unterstützer gehabt. Kriminellen wird geholfen.

Der Wirecard-Vorstand Braun sitzt mittlerweile im Knast. Sein Kollege Marsalek wurde mit großen Fahndungsplakaten gesucht. Das war bei den Kommunalwahlen mit den ganzen Plakaten etwas verwirrend. Ich wollte den erst schon wählen. Immerhin hat der Sachen drauf, die andere nicht können. Sein Spezialgebiet ist: wundersame Geldvermehrung dank Luftbuchungen. Ich habe auch mal versucht, einem Freund von meinem leeren Girokonto eine Millionen Euro zu überweisen. Hat leider nicht geklappt. Man hat mir bei der Bank aber versichert, ab einer Milliarde würde das die Finanzwirtschaft alles möglich machen.

Die Wirtschaft unterwirft alles dem ewigen Wachstumscredo, die Wirtschaft muss weiterwachsen. Die

Wirtschaft braucht stetes Wachstum. Aber was ist das eigentlich für eine vermessene Idee, dieses ewige Wachstum? Das Absurde an der Vorstellung kann man sich ganz einfach vor Augen führen. Im Optimalfall soll die Wirtschaft jährlich um drei Prozent wachsen. Um diese drei Prozent zu generieren, müssten wir im Jahre 2037 doppelt so viel essen, doppelt so viel Bier trinken, doppelt so viele Autos kaufen und doppelt so oft fliegen wie heute. Ist das überhaupt zu schaffen? Die meisten werden denken: »Das ist unmöglich. Obwohl … das mit dem Bier wäre einen Versuch wert.«

Beim Thema Wachstum wird immer nur auf eine einzelne Zahl geschaut, auf das Bruttoinlandsprodukt. Das BIP ist unser Fetisch. Dafür, wie apologetisch das BIP von den BWLern verehrt wird, ist es ganz schön unvollständig. Dinge, die für uns Menschen entscheidend sind, misst das BIP gar nicht mit. Zum Beispiel welchen Wert die Natur hat. Wenn Tierarten wegen des Raubbaus an der Natur aussterben, ist das für das Wachstum total egal. Eine seltene Krötenart hat für einen BWLer erst einen Wert, wenn man sie paniert, brät und verkauft. Klingt eklig, aber haben Sie bei McDonald's mal Chicken McNuggets probiert?

SCHENKEN STATT KAUFEN.
DIE ZUKUNFT DES TAUSCHENS

1923 veröffentlichte der französische Ethnologe Marcel Mauss eine Studie »Die Gabe. Form und Funktion des Austauschs in archaischen Gesellschaften«. Er beschreibt das Schenken als umfassendes Phänomen in allen Kulturen und zu allen Zeiten, das ökonomische, juristische, moralische, ästhetische und religiöse Dimensionen umfasst. Entscheidend dabei: Das Schenken weist über das rationale Menschenbild eines Homo oeconomicus weit hinaus.

Unter dem Phänomen »Schenken« ließen sich aktuell von den Almosen über die Umsonst-Läden bis zur Open-Source-Software eine ganze Palette von Sozial- und Kulturtechniken beschreiben. Mauss

unterschied dabei den Gabentausch und den Warentausch. Während beim Gabentausch Gegenseitigkeit herrscht, geht es beim Warentausch um Gleichwertigkeit. Der Erstere bezieht sich auf Personen, der Letztere auf Dinge.

Beim Gabentausch geht der Schenkende von einer Gegengabe aus, typisch etwa bei einer Einladung zum Essen, wobei sich dafür weder der Zeitpunkt noch die Qualität des Essens bestimmen lassen. Hier spricht man von »verzögerter Reziprozität«. Ein anderes Beispiel: Umzüge bei der jüngeren Generation. Ich helfe dir beim Einzug in die neue WG und erwarte, dass du auch bei mir irgendwann anpackst. Das Ganze funktioniert dann nicht mehr, wenn einer einen VW-Bus besitzt, denn so oft kann der selber gar nicht umziehen, wie er anderen mit seinem Bus helfen soll. Zwei Minimalforderungen gelten beim Gabentausch: Man sollte dem helfen, der geholfen hat, aber man sollte auch die nicht kränken, die einem geholfen haben.

So spielen beim Gabentausch Anerkennung und Zuneigung eine entscheidende Rolle. Anerkennung ist eine knappe Ressource, ohne würde etwa die Aufzucht von Kindern nicht funktionieren. Für fast alles, was Eltern investieren, bekommen sie Anerkennung zurück. Ähnlich beim Blut- oder Organspenden und anderen zeitgemäßen Formen der Geschenkökonomie. Auch die Hacker vom Chaos Computer Club leben vom gesellschaftlichen Respekt, also der Anerkennung, wenn sie Staat oder Banken auf Lücken in ihren digitalen Systemen aufmerksam machen. Und selbst für Wikileaks-Gründer Julian

Assange trifft zu, dass das meiste Ansehen derjenige genießt, der der Gemeinschaft die größten Geschenke macht.

Beim Warentausch dagegen geht es, wie gesagt, nicht um Gegenseitigkeit, sondern um Gleichwertigkeit. Eine populäre Form des Warentauschs sind etwa Tauschringe, von denen es hierzulande Hunderte gibt. Theoretisch geht die Idee auf den katholischen Anarchisten Silvio Gesell zurück, hat aber als gesamtgesellschaftliche Ökonomie nur in Notzeiten oder abgehängten Regionen funktioniert. Tauschringe definieren sich als Non-Profit-System nach den Kriterien: kein Bargeld, keine Zinsen, kein Zwang zu kaufen oder zu verkaufen. Jeder Teilnehmer beginnt bei null und alle Kontostände und Umsätze sind offengelegt. Das Grundproblem aller Tauschringe ist trotz aller möglichen Experimente, dass die zentralen Lebensbereiche Erwerbsarbeit und Wohnen kaum tangiert werden. Meist werden Dienstleistungen getauscht, genannt »Talente«, wie Einkaufen, Tapezieren, Unkraut jäten, Rückenmassage, PC reparieren, Babysitten, Musikunterricht, Nachhilfe und das Urlaubshaus hüten – das nur eine kleine Auswahl typischer Angebote auf einer Tauschringhomepage.

Verrechnet wird die Zeit – eine Stunde ist eine Stunde ist eine Stunde – oder vorher festgelegte Paritäten. Und hier wird es wieder interessant, denn damit haben alle Gerechtigkeitsüberlegungen zu tun. Der Mensch ist verschieden, aber wir möchten für alle das Gleiche, mindestens die gleichen Chancen. Was heißt das? Gleicher Lohn für alle? Gleicher Lohn für jede Stunde? Für gleiche Arbeit? Für Männer und Frauen? Beim Schiffsuntergang heißt es »Frauen und Kinder zuerst«. Sind sie mehr wert, weil sie das Überleben der Gattung

sichern? Wie sieht es mit Paritäten beim Einkommen aus?

Als die Linke noch Ideen hatte, gab es nicht nur die Forderung nach einem Mindestlohn, sondern auch, den Höchstlohn einzuführen. In Frankreich gibt es – weltweit einzigartig – etwa eine Gehaltsobergrenze für Manager von Staatsbetrieben, wonach das höchste Gehalt nur das Zwanzigfache des niedrigsten betragen darf. Das hieße hierzulande, würde man das für alle Unternehmen gesetzlich vorschreiben und beim Mindestlohn von 12 Euro sowie einer statistisch durchschnittlichen Arbeitszeit von 174 Stunden im Monat: eine halbe Millionen Euro für den Spitzenjob im Jahr. Und noch ein bisschen mehr, da Topmanager bekanntlich rund um die Uhr arbeiten, wobei man fragen darf, wann sie dann die Zeit finden, ihr Geld auch auszugeben.

Ein vergiftetes Angebot

Zugegeben: Der Kapitalismus ist im Kern eine feine Sache. Waren die Gesellschaften zuvor noch statisch, fast ohne Entwicklung, entfachte dieses System eine enorme Dynamik, und das nicht nur wirtschaftlich. Demokratie- und Frauenbewegung brachten gesellschaftlichen, Forschung und Wissenschaft medizinischen Fortschritt. Die Lebenserwartung der Menschen verdoppelte sich. Unterm Strich aber fällt die Analyse unseres Wirtschaftstraums auch ernüchternd aus. Es ist ganz simpel: Unser Wirtschaftssystem beruht auf Wachstum und dieses Wachstum beruht auf dem Verbrennen von Kohle und Öl. Und das seit dem Beginn der Industrialisierung in England. Letztlich sind Kohle und Öl nichts anderes als Plankton und alte Wälder, die unter Druck zu schwarzem Schmadder wurden. In Dosen heißt das Red Bull. Die beiden Rohstoffe Kohle und Öl haben sich über die gesamte Erdgeschichte entwickelt. Darin stecken im Kern Jahrmillionen gespeicherte Sonnenenergie. Diese Energie verbrennen wir als Menschheit in einem erdgeschichtlich homöopathisch kurzen Zeitraum. Umgerechnet verbrennen wir an jedem Tag das Ergebnis von 7000 Jahren. Wir holen in kürzester Zeit alles an Flüssigkeit aus dem Keller, was da lagert, und verbrauchen das. Jetzt kapieren wir das Problem nicht. Die Menschheit ist so wie einer, der in einer Nacht den ganzen Weinkeller leer säuft und sich am nächsten Morgen wundert: Boh, warum geht's mir so elend? Und warum sieht mein Gesicht aus wie die Fotos auf der Zigarettenschachtel?

Diagnose: Zu großer Konsum. Dass unsere explosiven Exzesse Auswirkungen auf das Klima haben, kapiert inzwischen jeder, außer der AfD. Der Konsum muss also zurückgefahren werden und damit trifft die Klimakrise den Kapitalismus mitten ins Mark. Sein Erfolgsprinzip des kurzfristigen Abfackelns von Jahrmillionen gereifter Erdschätze muss sofort unterbleiben. Aus zwei simplen Gründen. Erstens, weil sich dadurch die Erdatmosphäre aufheizt, sodass immer größere Gebiete unbewohnbar werden. Zweitens, weil für künftige Generationen kaum noch Rohstoffe übrig bleiben.

Denn wenn UNSER Weinkeller leer ist, können wir immer noch beim Nachbarn weiter saufen. Aber wenn der Ölkeller der Erde leer ist, dann ist unser Nachbar nur noch der Mond. Für das Überleben ist dort nichts zu holen. Wer mal nachts durch Neuss gegangen ist, weiß, was ich meine.

Es war aber auch fast schon fies von der Natur, uns ein solch vergiftetes Angebot zu machen. Denn es ist ja so verlockend einfach. Man haut ein Loch in die Erde und schon sprudelt einem der Energy-Drink kostenlos entgegen. Noch nicht einmal Batterien bedarf es. Diese Energie ist schon kundenfreundlich im Rohstoff selbst gespeichert. Das hätte sich Mutter Erde schon denken können, dass wir Menschenkinder mit unserem Erfindungsgeist bei so einem Angebot die Dampfmaschine, den Verbrennungsmotor und das Düsentriebwerk entwickeln. Das kann man uns doch nicht vorwerfen. Nur leider wird die Energiegewinnung nie wieder so einfach werden.

Wir stehen aber noch vor einer anderen, ungleich schwereren Herausforderung. Wenn wir das Klima retten wollen, müssen wir CO_2-neutral werden. Die einzige Energie, die wir Menschen CO_2-neutral herstellen können, ist Strom. Auch E-Fuels oder Wasserstoff sind keine Primärenergien, sondern müssen zuvor aufwendig mit Ökostrom hergestellt werden. Wir müssen unser Leben also komplett elektrifizieren, mit 100 Prozent Ökostrom. Im jetzigen Strommix sind wir immerhin schon über 40 Prozent. Das scheint erst mal Hoffnung zu machen. Aber wir müssen alles mit Strom betreiben. Verkehr, Industrie, Heizen, Landwirtschaft. Wenn man diesen Energieverbrauch mitrechnet, liegt der Ökostromanteil erst bei 7,6 Prozent. Es fehlen noch über 92 Prozent. Diese Differenz auszugleichen, wird eine gewaltige Aufgabe.

Umso mehr, da kaum noch Zeit bleibt. Wenn wir die Marke von 1,5 Grad Erderwärmung überschreiten, dann sind wir nicht mehr in der Lage, die weitere Aufheizung der Atmosphäre noch zu stoppen. In diesem Punkt ist sich der Großteil der Klimaforscher einig. Dass wir die Erdheizung schon um einen Grad hochgedreht haben, macht es nicht einfacher. Es wurde bereits errechnet, wie viel CO_2 jeder Mensch noch ausstoßen darf, bis der Kipppunkt von 1,5 Grad erreicht ist. Dieser Moment kann rasend schnell eintreten. Wenn wir Deutschen genauso weitermachen wie bisher, ist unser CO_2-Kontingent in sieben Jahren aufgebraucht. Diese sieben Jahre hat die Politik Zeit, um den Klimawandel zu stoppen und das Ruder herumzureißen. Von welch tiefgreifender Wirkmächtigkeit politische Instrumente sein können, haben die coronabedingten Lockdowns gezeigt. Warum aber sind die Politiker in der Lage, die Wachstumskurve der Coronainfektionen abzuflachen – nicht aber die der Erderwärmung?

Die Antwort ist simpel. Das Coronavirus stellt vor allem für ältere Menschen eine Gefahr dar. Im Bundestag saßen 2021 709 Abgeordnete. Über 300 von denen sind 60 Jahre oder älter. Der Klimawandel hingegen wird gerade jungen Menschen und ihren Familien zum Verhängnis. Unter 30 Jahre alt waren im Parlament gerade einmal fünf Politiker. Da kann man sich leicht ausrechnen, welches Problem mit mehr Power angegangen wird. Ich finde, die Jungen haben für das Überleben der Alten jetzt anderthalb Jahre auf Feiern, Spaß, richtige Ausbildung und Freundschaften verzichtet. Jetzt wäre es an der Zeit, dass die Alten die Zukunft der Jungen ermöglichen und ein paar Jahrzehnte Reisen, fette Autos und Fleischessen fasten. Denn die Klimakrise ist für die Jungen viel einschneidender und gefährlicher als Corona für die Alten.

Daher bemühen sich nun alle Parteien mit einem grünen Anstrich um die Wählerstimmen der Jungen. Die CDU etwa hat die letzte Bundestagswahl vergeigt. Sie verlor aber die meisten Stimmen nicht an die Sozialdemokraten, sondern an die Bestatter. Was der Union letztlich helfen würde, wäre ein Wahlrecht für Verstorbene. Es heißt ja auch »Wahlurne«. Um an die Stimmen junger Wähler zu kommen, wollen alle Parteien auf einmal grün sein. Sonntagsreden allein reichen aber nicht aus, insbesondere, da der ganze Konsum- und Kommerzzirkus nach der Pandemie genau wie vorher weiterdampfen soll. Während Schulgebäude vergammeln, hilft ein gigantisches Rettungspaket dabei, die Wirtschaft wieder anzukurbeln. Ist Ihnen dieses Wort eigentlich schon mal aufgefallen? Ankurbeln, die Wirtschaft muss angekurbelt werden.

Eine Tätigkeit, die aufzeigt, wo zum Beispiel unsere Autoindustrie technisch noch steht. Und auch unser Denken. Das müsste nicht angekurbelt werden, sondern mal kräftig in den klimalahmen Hintern getreten werden, damit die klimapolitischen Versäumnisse der letzten Jahrzehnte endlich aufgeholt werden. Aber dem stehen Leute wie Christian Lindner im Weg. Der redet immer nur von einem neuen Wirtschaftswunder, von ewigem Wachstum. Das Klimaproblem will die FDP mit der »Innovationskraft der deutschen Ingenieure« lösen. Das steht so wortgetreu in ihrem Parteiprogramm. Die deutschen Toptüftler von VW, dem Berliner Flughafen und der Berliner U-Bahn sollen sich schon gemeldet haben. Die Unmöglichkeit von ewigem Wachstum im begrenzten System der Erde müsste doch gerade ein extrem begrenztes System wie Christian Lindner einsehen können.

Was aber passiert gerade auf unserem blauen Planeten? Wir Menschen verbrauchen so viele Ressourcen, als würden drei Erden um die Sonne kreisen. Und doch haben wir nur diese eine. Wäre die Erde ein Haus, dann wäre Europa eine kleine Einliegerwohnung. In der kleinen Bude machen ständig 100 Leute Party. Es gibt allerdings nur Getränke für 30 Gäste. Schnell sind die Fässer leer gesoffen, trotzdem hört die Party nicht auf. Die Partypeople gehen eben in den Keller vom Anfang der Geschichte und plündern die Biervorräte der anderen Hausbewohner. So läuft die aktuelle Energiesause unseres Wirtschaftssystems. Irgendwann wundern sich die anderen Bewohner natürlich und fragen: »Ey, wo ist unser Bölkstoff? Unsere Rohstoffkeller sind leer.« Da kommen die schnell auf den Trichter, wer im Haus so trichtert und kommen flugs auf die Party in der Einliegerwohnung, um sich mit den Resten des ihnen zustehenden Stoffs einen picheln zu können. Das sind keine Geflüchteten. Das sind die Beklauten. Und wir bleiben die Bekloppten.

Die Zukunft muss in einer Wirtschaft ohne Ressourcenraubbau liegen, ergo einer Wirtschaft ohne Wachstum. Nur sind wir dazu schlichtweg zu blöd. Wir wissen gar nicht, wie das geht, da unsere Universitäten und Forschungsinstitute diese Möglichkeiten noch nicht für erforschenswert erachtet haben. Es werden eher BWLer ausgebildet als Leute, die über ein menschliches Zusammenleben ganz ohne Wachstumsdruck nachdenken. Zum Glück gibt es weiterdenkende schlaue Köpfe. Zum Beispiel die Initiatoren der Protestaktionen »Sand im Getriebe« rund um die IAA in Frankfurt. Dort forderte die Klimaaktivistin Tina Velo die Mitarbeiter der Autokonzerne auf, umzuschulen. »Wir werden Busfahrerinnen brauchen, Pfleger und Pflegerinnen!« Eine gute Idee, nur bleibt eine Sache unsicher: Kann ein Mitarbeiter von Porsche Senioren pflegen? Steht der nicht fragend vor dem Rollstuhl und sagt sich: »Das Ding hat geile Räder, aber wo ist die Lichthupe?«

Und kann ein Vorstand von AUDI in einem Kindergarten anfangen? Ist das nicht zu irritierend für ihn, so ein Job, für den man eine Qualifikation braucht? Richtig ist, dass wir die Zahl der Autos drastisch vermindern müssen und dass wir wesentlich mehr Personal in Altenheimen und Kitas benötigen. Wie aber kann das funktionieren, dieser Weg von der Autoindustrie in die Diakonie? Vom Fließband zum Stuhlkreis, vom Schweißen zum Scheißen. Es bedarf einer aktiven Umstrukturierung. Nur ist eine solche nicht mal eben vollziehbar.

Man kann das auch in einem anderen Feld beobachten. Viele Metropolen bemühen sich nun bereits um eine höhere Lebensqualität und versuchen, Autos aus den Innenstädten zu verbannen. Mit Maßnahmen wie abnehmenden Parkraum, zusätzlichen Fahrradspuren und stärker ausgebautem ÖPNV. Dadurch soll die Notwendigkeit privater Pkw für Städter obsolet werden. Klingt gut, logisch und grün? Tja, nur leider würde diese Entwicklung eine ökonomische Abwärtsspirale anstoßen. Hauptbetroffener wäre in diesem Falle das Arbeitgeberschwergewicht Autoindustrie, die durch weniger Pkw-Bedarf Umsatzeinbußen zu verzeichnen hätte und dadurch Mitarbeiter entlassen müsste. Diese Mitarbeiter könnten durch den Jobverlust dann ihrerseits weniger konsumieren, weswegen dann Kneipen, Einkaufsläden und Autowaschanlagen ebenfalls weniger Einnahmen zu verzeichnen hätten, wodurch wiederum die gezahlten Steuern und Sozialbeiträge schrumpfen würden und letztlich ganze Regionen verarmen könnten. In diesen verarmten Gegenden gäbe es überhaupt keine Mittel, die einstigen Autobauer in Kindergärten zu beschäftigen.

Diese Abwärtsspiralenhypothese macht wenig Hoffnung auf Änderungsmöglichkeiten der kapitalistischen Grundausrichtung. Das Problem ist, das ewig sture Denken innerhalb der Systemmauern. Bisher hat niemand erforscht, wie eine Postwachstumsgesellschaft aussehen könnte, die Krisen vermeidet und das Leben entspannter und vor allem einfacher macht.

Vielleicht haben uns die Lockdownerfahrungen der Coronapandemie alle ein wenig aus dem Hamsterrad raustreten lassen, um dabei zu erkennen, wie erfüllend Ruhe sein kann. Harald Juhnke hat man mal gefragt, was für ihn Glück bedeutet, was für ihn der ideale Tag ist. Seine Antwort: Keine Termine und leicht einen sitzen haben!

»Nur die einfachen Dinge enttäuschen nicht«, sagte Erich Maria Remarque einst. Unsere moderne Wachstumsgesellschaft ist nicht einfach, sie ist sogar ausgesprochen kompliziert. Ihre Geschichten sind auserzählt, haben sich als Märchen entpuppt. Ich habe das Gefühl, für unsere Zukunft braucht es eine neue Erzählung, eine Hoffnungsgeschichte, eine wahrheitsanrufende Fabel. Die bisherige hat ausgedient, schließlich lautete ihr Tenor so: Macht euch die Erde untertan. Es stand da zwar noch was Kleingedrucktes hinter, nämlich: Und behandelt sie wie einen Garten. Nur haben das die meisten leider überlesen. Genauso Teil der Geschichte war die Vorgabe: Seid fruchtbar und mehret euch. Dahinter steht noch in Mäuseschrift: Nur bis acht Millionen, dann ist Schluss. Das sind alte Geschichten, die wir um Himmels willen nicht mehr weiterverfolgen sollten. Wir sind doch kreative, nach vorn denkende Lebewesen, da müssen uns doch andere Storys einfallen.

Eine Kultur besteht nicht zuletzt aus der Summe der Geschichten, die eine Gesellschaft zusammenhalten. Solchen Geschichten, die in die Zukunft weisen und die Vergangenheit erklären.

Der Historiker Dietrich Schwanitz hat das mal bildhaft gemacht: Europa wird von zwei Flüssen bewässert, die unsere Kultur mit nähstoffreichen Geschichten versorgen. Der eine Strom ist die jüdische Bibel und der andere die griechischen Göttersagen. Da gab es den Urgott Uranos mit seinem Sohn Kronos, dem Gott der Zeit. An den glauben wir noch heute. Deswegen tragen viele von Ihnen heute noch ein Chronometer am Arm. Ein religiöser Anachronismus, weil die

Uhrzeit doch längst auf dem Handy steht. In der Sage flüstert die Mutter Gaia ihrem Sohn zart die Worte zu: Dinge Vater is ene Sausack, schneid dem den Pimmel ab.

Es schreitet der von Mutterliebe gelenkte Jüngling durch die Götterwelt zu seinem Vater Uranos und mit einem gepfefferten Sichelhieb trennt Kronos des Vaters Gemächt von seinem angestammten Platze, wirft es ekel- und hasserfüllt in die jungfräulichen Wogen des Meeres. Die Wellen toben ob des unvorhergesehenen Pimmelplatschers, tosend und brodelnd gebärt das Meer schlussendlich Aphrodite, die wunderschöne Schaumgeborene. Von ihr leiten sich die Aphrodisiaka ab. Die Römer machten aus ihr die Venus und wir das Viagra.

Eine Geschichte muss noch nicht einmal wahr sein, damit sie Strahlkraft hat. So wie die Bibelgeschichte der leibhaftigen Auferstehung Jesus in den Himmel. Wahr ist an ihr wahrscheinlich wenig. Aber schön ist an ihr vieles. Zum Beispiel, dass Christus beim Fliegen als erster Mensch CO_2-neutral war. Und genau da müssen wir in Zukunft wieder hin!

Uns Älteren fällt nichts Neues mehr ein. Festgefahren in unserer Wachstumsmär vom ewigen Rohstoffzufluss haben wir es verlernt, neue Geschichten zu schreiben. Aber mir scheint, dass unsere Jugend die alten Fabeln satthat. Sie will eine neue, eine eigene Erzählung, will eine Utopie verfolgen, mit der sie die Welt umbauen kann. Die Notwendigkeit eines Weltumbaus, die haben wir Älteren zu verantworten. Das, wogegen die Schüler freitags demonstriert haben, haben ihre Eltern ihnen eingebrockt. Irgendjemand hat doch schließlich die ganzen Geländewagen gekauft, hat haufenweise Plastikmüll erzeugt und Meere abgefischt, damit es Fertigsushi beim Discounter gibt. Wir sind doch die Generation, die größtenteils nicht begriffen hat, dass es einen Widerspruch gibt zwischen Thunberg und Thunfisch.

Die Frage der Klimastabilisierung ist für die Zukunft die größte Herausforderung. Die Coronapandemie hingegen wird ein Ende haben. Mittlerweile haben sogar Leute wie der Grüne-Themen-Aneigner Markus Söder begriffen, dass es nur mit Klimaschutz eine Zukunft geben kann. Die CSU merkt die Klimaerwärmung inzwischen auch schon in den eigenen Ministerien und Räumen. Im Sommer 2019 war es unglaublich heiß. Damals wurden in Bayern teilweise über 40 Grad gemessen. Der Einzige, der da in den bayerischen Behörden angemessen gekleidet war, war Jesus am Kreuz.

Alles für alle, bis alles alle ist. Vom Nutzen der Allmende

2009 erhielt die Amerikanerin Elinor Ostrom als erste Frau den Wirtschaftsnobelpreis für ihre Analysen ökonomischen Handelns im Bereich »Gemeinschaftsgüter«. 63 Nobelpreisträgern vor ihr, alles Männer und renommierte Ökonomen, war offensichtlich nicht aufgefallen, welche Potenz und Perspektive in diesem Thema »Gemeinschaftsgüter« steckt. Ostrom hatte sich mit der Geschichte und dem Gebrauch der »Allmende« beschäftigt, einer uralten Form individuellen Nutzens gemeinsamer unbeweglicher Güter.

Das konnten Wege, Wald, Wiesen oder Seen sein, Steinbrüche, Teiche, immer ging es darum, den Zugang und Nutzen kollektiv zu regeln, wie im Wald die Holzentnahme für Bau- und Brennholz oder die Jagd. Bei den Bauern in den Alpen war etwa genau geregelt, wer, wann und wie viel die Almen beweiden darf.

Als traditionelle Wirtschaftsform ist die Allmende selten geworden. Es gibt sie noch in einigen Gegenden in der Schweiz oder im Hotzenwald. Für Karl Marx endeten sie als Konzept mit dem Beginn der bürgerlichen Gesellschaft. Jean-Jacques Rousseau äußerte sich folgendermaßen dazu: »Der Erste, welcher ein Stück Land umzäunte, sich in den Sinn kommen ließ zu sagen, dies ist mein, und der einfältige Leute antraf, die es ihm glaubten, der war der wahre Stifter der bürgerlichen Gesellschaft.«

Experimente mit gemeinsamem Besitz oder kollektiven Prozessen hat es immer gegeben und entsprechend vielfältig sind die Konzepte, die zu finden sind in der christlichen Soziallehre, bei Gewerkschaften und Genossenschaften, bei allen Spielarten von Sozialismus bis zum gerade in Amerika modischen Kommunitarismus. Gleichzeitig beschreibt das sozialwissenschaftliche Modell »Tragödie des Allgemeinguts« ihr Scheitern in dem Sinne, dass jeder Nutzer nur auf die eigenen Interessen und nicht auf den langfristigen Erhalt des Gemeinsamen achte. Nach dem Motto: Wenn allen etwas gehört, dann gehört es niemand. Ich kann also weiter fliegen, denn den Schaden für das Weltklima tragen alle.

Ostrom legt Wert darauf, zu betonen, dass es nur dann zur »Tragödie« kommt, wenn es keine genauen Regeln gibt, mit denen Gemeinschaftsgüter funktionieren. Die Gruppe der Mitglieder oder Nutzer muss deshalb exakt definiert sein, das gemeinsame Gut begrenzbar, die Mitglieder müssen die Regeln selber kontrollieren und gegebenenfalls selber sanktionieren, und es gibt institutionelle Verfahren zur Konfliktlösung ohne Staat und Privatbesitz.

Das Spannende ist nun zu betrachten, wo es dieses Konzept heute noch gibt, auch wenn es nicht mehr Allmende heißt. Allgemeingut ist etwa das Internet. Bei den Stätten des Weltkulturerbes, für den Mond, den Meeresboden und die Antarktis regeln internationale Verträge das »gemeinsame Erbe der Menschheit«. Beim Nordpol übrigens nicht, hier befinden sich die Anliegerstaaten längst in Wettrennen um die wirtschaftliche Ausbeutung.

Relevant ist das Konzept der Allmende vor allem für eine künftige Klimapolitik. Wasser und Luft, Boden oder Meere können als endliche Ressourcen nicht Einzelnen gehören, genauso wenig wie die Atmosphäre und die Ozonschicht. Erste Schritte, sie aus der Verfügung Einzelner zu lösen sind etwa mit der Politik des Zertifikathandels getan.

Mit dem Ausgleich von Schaden und Nutzen hat sich schon vor hundert Jahren ein anderer Ökonom beschäftigt, der Engländer Arthur Cecil Pigou, der eine Steuer für Dampflokomotiven vorschlug, da deren Funkenflug häufig Wiesen und Felder an der Strecke in Brand setzte. Eine Steuer zur Kompensation externer Effekte, die »Pigou-Steuer«. Nichts anderes ist eine CO_2-Steuer, die vorab die Schäden in Rechnung stellt, die anschließend verursacht werden.

Nachtzug nach Holland

Noch haben zu wenig Leute wirklich erkannt, wie radikal wir heute, jetzt und sofort umsteuern müssen. Nur durch ein solches Umsteuern gäbe es noch eine Chance, den Klimawandel in seinen Auswirkungen zu bremsen. Was aber passiert stattdessen? Es wird immer schlimmer. In Brasilien holzt der schmalgeistige Parlamentsverächter Bolsonaro der Erden grüne Lunge, den Amazonas, immer weiter ab. Für ihn lohnt sich das, denn auf dem frei gehackten Land können Rinder stehen, deren Fleisch dann dank Freihandelsabkommen zollfrei zum Verspeisen an die EU-Bürger geschickt wird. Was soll das?

Wenn wir uns schon nicht davon abbringen lassen können, Rindfleisch zu essen, dann sollte das Fleisch dafür wenigstens nicht im Regenwald erzeugt werden. Die Rinder können wir viel besser ins eigene Land stellen, zum Beispiel auf den Berliner Flughafen. Der soll zwar mittlerweile fertig sein, nur gemerkt hat das noch keiner. Da ist Platz noch und nöcher. Warum sollen auf der Flughafenfreifläche keine Rindviecher stehen? Die haben schließlich auch die Planung gemacht. Das wäre eine ganz konkrete Maßnahme, die das Klima schützen würde. Genauso wie Verbrennnungsmotoren ersetzen, den CO_2-Preis drastisch erhöhen und Inlandsflüge verbieten. Warum soll all das nicht möglich sein?

Der Blick über die grüne Grenze nach Holland offenbart eine extreme Besteuerung von Inlandsflügen. Na gut, Inlandsflug in Holland heißt auch: Man steigt in Amsterdam vorne ins stehende Flugzeug ein, geht einmal durch und kommt hinten in Venlo wieder raus. Trotzdem ist das ein Zeichen gegen den klimatechnischen Unsinn der Fliegerei. Und nur weil man über den Wolken zu seinem Reiseziel transportiert wurde, heißt das noch lange nicht, dass der Urlaub gut wird. Dauernd treffe ich Leute, die mir sagen: »Wir waren für 50 Euro zum Wochenendtrip in Prag. Wunderschön. Aber man kann da nicht mehr hinfahren. Total voll mit Touristen!« Ja. Das wart ihr, ihr Honks!

Bleibt lieber zu Hause. Das konnten wir während der Pandemie gut üben. Üben müssen wir auch unsere Reisegewohnheiten umzustellen, statt mit dem Flieger kann man auch mit Zug und Schiff nach Mallorca. Ich erinnere mich noch an die famose Zeit der transeuropäischen Nachtzüge. Da war schon die Fahrt das reinste Erlebnis. Man ist mit vier Freunden von Köln nach Mailand aufgebrochen, hatte schon kurz nach Koblenz acht Flaschen Lambrusco intus, hat tief und fest gepennt, bis der Schaffner gerufen hat: »Aufstehen – Willkommen in Athen!« Ein wunderbarer Auftakt der Reise.

Meines Erachtens könnte man das Fliegen komplett abschaffen. Keine andere vom Menschengeschlecht ersonnene Art der Fortbewegung ist so klimaschädlich. Enorme Mengen CO_2 und den Himmel zukleisternde Kondensstreifen schädigen unser aller Umwelt. Gott sei Dank fliegt nur eine kleine Minderheit. 95 Prozent der Erdbevölkerung hat noch nie ein Flugzeug von innen gesehen. Würden die auch noch abheben, wäre längst Schluss mit lustig. Man könnte das Fliegen in Zukunft also bis auf ganz wenige Ausnahmen reduzieren, und es würde die übergroße Mehrheit überhaupt nicht jucken. Was aber passiert statt Flugvermeidung in Deutschland? Da schießt die alte Regierung neun Milliarden Euro in den Wind der Lufthansa, damit die wieder die Turbinen aufheulen lassen. Spinnen die? Ich habe neulich einem Straßenmusiker 50 Euro gegeben, damit er aufhört zu spielen. Die Umstehenden haben geklatscht! Genauso müsste man das mit den Fluggesellschaften machen. Die Lufthansa kriegt Staatshilfen, wenn sie nicht fliegt. Aus den nicht mehr benötigten Flugzeugen könnte man Kitas machen. Die eignen sich dank der eingebauten Rutsche doch optimal dafür. Man könnte sie auch als Konzerthäuser umnutzen. Im Flugzeug darf man schließlich dicht an dicht sitzen, während im Theater noch brav 1,5 Meter Abstand gewahrt wird. Warum – das weiß keine Sau. Flugzeuge bieten für Kulturveranstaltungen also tolle Voraussetzungen, zum Beispiel für Volksmusik. Mit Stefan Mross am Mikrofon. Praktischerweise liegen am Sitzplatz schon die Kotztüten bereit.

Mit dem Thema Fliegen wäre die Menschheit dann durch. Die Lufthansa bekäme auch einen neuen Namen: Aero Fott.

Ich fliege seit Jahren nicht mehr und bin gleichzeitig ein glücklicher Mensch. Wo muss man denn unbedingt hinfliegen? Innerhalb Deutschlands und auch Europas reist es sich bequem mit der Bahn. Und wo muss ich sonst hin … nach Australien? Was berichten die Urlauber denn schon ihren Freunden – den immer gleichen Satz: Es war toll, wir haben Kängurus gesehen, die über die Straße gehüpft sind. Und die Kängurus erzählen ihren Freunden: Wir haben Idioten aus Köln gesehen, die 40 000 Kilometer geflogen sind, um was zu sehen, was es in Wuppertal im Zoo gibt.

Der Flugverkehr ist nicht der einzige Verkehrssektor, der stärker reguliert werden sollte. Gerade beim alltagsprägenden Autoverkehr muss sich etwas ändern. Immer noch haben die vierrädrigen Abgasschleudern eine herausragende Stellung in Deutschland. Zum Beispiel gibt es für Autos im Bereich der Forschung einen zwanzigfach so großen Geldfluss wie für den öffentlichen Personennahverkehr. Das Auto steht überall im Mittelpunkt, oder im Weg. Während die Preise für Parkgebühren seit Jahren konstant bleiben, werden Straßenbahnfahrten immer teurer. In Köln kostet ein Einzelfahrschein mittlerweile drei Euro.

Das geht richtig ins Geld und wenn man sich das nicht mehr leisten kann und schwarzfährt, zahlt man 60 Euro beim Erwischtwerden. Schwarzparken hingegen kostet nur zehn Euro. Dabei sollte es eigentlich umgekehrt sein. Wer schwarzparkt und dadurch öffentlichen Raum missbraucht, zahlt 60 Euro. Und wer schwarzfährt, der bekommt vom Kontrolleur noch zehn Euro, denn er tut immer noch etwas Gutes, er spart im Vergleich zum Autofahrer beträchtliche Mengen CO_2 ein.

Die stetige Zunahme des Verkehrs hat aber nicht nur mit Privatfahrten zu tun, sondern mit uns allen. Den lieben langen Überstundentag werden Waren von A nach B kutschiert, Millionen Pakete Tausende Flugmeilen weit, alles für den globusumspannenden Warentransport. Waren, die kein Mensch benötigt. Nehmen wir einmal Klamotten. Noch nie wurden so viele Kleidungsstücke produziert, verkauft und um die Welt geschifft wie heute. Was glauben Sie, wie viele Kleidungsstücke der durchschnittliche Deutsche im Jahr kauft? 60 Stück!

Früher gab es noch den Ansatz, Klamotten so lang wie möglich zu tragen, teilweise Ewigkeiten. In Bayern gibt es Lederhosen, die wurden so lange innerhalb der Familien weitergegeben, da stammt das Leder zum Teil noch vom Mammut. Man trug die Kleider, bis sie kaputt waren oder nicht mehr passten. Und selbst dann wurden sie weitervermacht: Ein Schulfreund von mir, der Peter, hat seine ganze Schulzeit die Kleider von seinen vier Geschwistern aufgetragen. Und das waren alles Mädchen.

So kennen wir es noch aus vergangenen Tagen. Heute aber ordert ein Mensch 60 Kleidungsstücke pro Jahr. Kein Wunder, bei T-Shirts für zwei Euro und Hosen für 15. Der Konsum wird dem Käufer leichtgemacht, der Konsum macht es aber der Umwelt schwer. Die Herstellung von einem einzigen normal großen, farbigen T-Shirt verbraucht 15000 Liter Wasser. Das heißt, wenn Peter Altmaier sich jetzt im Ruhestand neu einkleidet, sinkt der Meeresspiegel.

Noch mehr Wasser und vor allem Chemikalien braucht man, wenn eine Hose zum Beispiel den Used-Look haben soll. Used-Look, das bedeutet, die neue Hose kommt mit Löchern, Rissen und ausgewaschenen Stellen daher. Das verstehe ich einfach nicht, ich kaufe doch keine Hose neu, damit die dann schon getragen aussieht. Das ist, als würde man ins Restaurant gehen und dem Kellner sagen: »Kotzen Sie bitte einmal auf den Teller, ich liebe Gerichte, die schon gegessen aussehen.«

Früher gab es so was nicht, da gab es niemanden, der in neue Hosen Löcher machte. Im Gegenteil, da gab es noch Omas, die haben die Löcher aus den Kleidern rausgemacht. Meine Großmutter hat zahllose Socken gestopft und Hosen geflickt. Das hat auch nicht viel gekostet, nur eine Packung Mon Chéri im Jahr. Man sieht wieder ganz exemplarisch im Kleinen, was im Großen falsch läuft, wie pervertiert der Kapitalismus doch ist. Früher hatte man die Oma, die Löcher aus den Klamotten rausmacht. Heute beschäftigen wir Sklavenarbeiter in Bangladesch, die uns in unsere Klamotten Löcher reinmachen. Diese Klamotten werden überdies noch um die halbe Welt geflogen, damit wir sie dann einmal tragen, wenn überhaupt. 60 Prozent der neu gekauften Kleidungsstücke werden niemals getragen. Geht es noch kränker? Das muss geändert werden. Und nicht nur das. Wir müssen sofort weniger wirtschaften, weniger kaufen, raus aus der Kohle, das Fliegen drastisch reduzieren, und das Autofahren auch. Nur dann können wir die Klimaziele erreichen. Aber für diese Ziele wird weltweit im Moment nichts Ambitioniertes unternommen. Deshalb heißt es vermutlich auch Pariser »Abkommen«. Und nicht »Ankommen«. Dabei wird der Protest gegen die laschen politischen Antworten immer härter. Im Januar 2021 hat beispielsweise die Gruppe Extinction Rebellion in der Kölner Innenstadt den gesamten Verkehr lahmgelegt. Hat aber leider nichts gebracht, weil niemand wusste: Wo ist der Unterschied zu sonst?

Ein gutes Vorbild für eine neue Utopie ist ausgerechnet eine Wurstfabrik. Die Fleischproduzenten bei Rügenwalder wissen, dass der CO_2-Ausstoß durch Tierhaltung so hoch ist wie der, der durch den Verkehr entsteht. Also haben die sich gesagt, wir müssen konsequent sein, wir werden jetzt Marktführer bei veganer Wurst. Alle haben die für bekloppt erklärt, aber mittlerweile erzielt das Unternehmen bereits 40 Prozent seines Umsatzes mit vegetarischen Produkten. Das ist so, als würde VW oder Mercedes über ein Drittel mit Fahrrädern erwirtschaften.

Vegane und vegetarische Produkte werden immer beliebter und nehmen in den Supermarktkühlregalen zunehmend mehr Platz ein, sodass Sie das Fleisch regelrecht suchen müssen. Daher kommt der Fachterminus Schnitzeljagd. Meine geliebte Schmierwurst zum Beispiel ist komplett aus Erbsen. Erbsen mag ich eigentlich gar nicht. Aber ich muss sagen, als Wurst geht's. Demnächst wird die Fleischlobby wohl zurückschlagen, da bin ich mir leider sicher. Es wird nicht lange dauern, da kontern die! Mit einem Apfel aus Fleischwurst.

Das Recht auf Faulheit

»Das ganze Unglück der Menschen rührt allein daher, dass sie nicht ruhig in einem Zimmer zu bleiben vermögen.« Das bekannte Diktum des französischen Philosophen Blaise Pascal passte als Motto exakt zur Corona-Epidemie, ist aber schon einige Jahrhunderte alt. Oft wurde es als misanthropische Ansicht abgetan, wird aber neuerdings von Energieforschern bestätigt. In den USA messen Wissenschaftler alle zehn Jahre, wie lange und wo sich die Menschen aufhalten, und kommen für die letzte Dekade zu dem Ergebnis, dass die US-Bürger neuerdings durchschnittlich acht Tage mehr pro Jahr zu Hause sind. Umgerechnet auf die Energiebilanz macht das eine Ersparnis von zwei Prozent des gesamten nationalen Energiebedarfs.

Trägheit ist also energiepolitisch positiv, geradezu klimafreundlich. Ähnlich die zwangsweisen Folgen des Coronavirus, denn Reisen, Verkehr, öffentliche Einrichtungen wurden weniger genutzt. Interessant auch, dass der Daheimfaktor bei jüngeren Menschen um zwei Drittel größer war als bei Älteren. Die Gründe liegen wohl im Social-Media-Konsum, beim Homeoffice, beim digitalen Shoppen und ihrer Sympathie für Lieferando oder Gorilla. Dagegen sind Rentner überdurchschnittliche Heimflüchter.

Gemäß einer alten Tradition könnte man mal wieder ein Lob der Faulheit anstimmen. Schon Lessing hat Mitte des 18. Jahrhunderts ein »Loblied« darauf verfasst, es aber nicht ernst damit gemeint. Anders Paul Lafargue, der 1880 das »Recht auf Faulheit« postulierte. Die Arbeiterbewegung sei von einer »seltsamen Sucht«, der Arbeitssucht, beherrscht als Folge der kapitalistischen Produktionsweise. Ihre Moral sei »eine jämmerliche Kopie der christlichen Moral, belebt das Fleisch des Arbeiters mit einem Fluch«. Ihr Ideal bestehe darin, »ihn zur Rolle einer Maschine zu verurteilen, aus der man pausenlos und gnadenlos Arbeit herausschindet«. Vielleicht hatte dieses eindeutige Urteil auch mit der Familie des Autors zu tun: Lafargue war nämlich der Schwiegersohn von Karl Marx.

Dass die Arbeiterbewegung, sozialistisch oder christlich, damit wenig anfangen konnte, ist ja bis heute am 1. Mai zu hören, wenn die »Internationale« gesungen wird. Wie heißt es dort: »In Stadt und Land, ihr Arbeitsleute / wir sind die stärkste der Partei'n / Die Müßiggänger schiebt beiseite! / Diese Welt muss unser sein.« Es geht um Arbeit, selbst an einem staatlichen Feiertag und nicht um Müßiggang.

Um aber auf Pascal zurückzukommen: Das Gegenteil des Müßiggängers ist heute der Tourist. Der ist gierig, will alles sehen und anfassen, vor allem das »Authentische«. Die Tourismusindustrie, also die massenhafte Herstellung des Touristen, befindet sich in einer sich selbst verstärkenden Rückkoppelungsschleife mit der Folge, dass das Authentische durch touristische Nutzung nur scheinbar mehr wird, wie etwa bei den Welterbestätten zu beobachten ist, die nach ihrer Zertifizierung durch die UNESCO eine unendliche Schwemme von Touristen erleben, bis ihnen schließlich das Aus droht, was man derzeit an Venedig beobachten kann.

Anthropologen erklären das Reisen als Versuch, dem gewöhnlichen Leben zu entkommen. Weil wir uns aus dem, was uns festhält, nicht herauslösen können, soll die Urlaubsreise uns verwandeln. Tut sie aber nicht. Die Süddeutsche Zeitung hat den Migranten einmal als »angsteinflößenden Doppelgänger des Touristen« bezeichnet. Denn der Flüchtling bekommt gezwungenermaßen das, was der Tourist sich ebenso sehnsüchtig wie erfolglos wünscht, nämlich ein anderes Leben. Wenn Ortswechsel etwas verändern, sind sie unfreiwillig. Alles andere ist Selbsttäuschung. Und vielleicht erklärt sich hier für manche der tiefere Grund für die Ablehnung wie die Angst vor dem Migranten.

Beerdigung einer Generation

Beim Blick in die Zukunft stellt sich immer auch die Frage nach dem Vermächtnis. Was bleibt? Was hinterlässt man den Ahnen? Irgendwann wird auch unser letztes Stündlein geschlagen haben und unsere Generation wird zu Grabe getragen. Ich stelle mir das so vor:

Schwer hängen die Nebelschwaden über den Grabsteinen, Mahnmale der Vergangenheit, noch glänzend vom vornächtlichen Nieselregen. Unsere Nachfahren ziehen gerade in die kleine, weiß getünchte Friedhofskapelle ein. Allzu zahlreich haben sie sich nicht versammelt, die undankbaren Blagen, wenigstens fürchten sie unseren geballten, jenseitigen Generationszorn und haben sich ordentlich schwarz angezogen. Ein paar Trauergäste schluchzen, als die ersten Töne der generationsprägenden Musik ertönt – »Schuld war nur der Bossanova«. Dann wechselt der Organist zu Bachs Sinfonia da Cantata »Ich steh mit einem Fuß im Grabe«. Der Priester erscheint mit einer großen, schweren Urne und stellt diese in ein Meer weißer Rosen, das garniert ist von großen Blumenkränzen mit weisen Beschriftungen: »Der letzte Weg möge der schönste sein.« »Dein Vermächtnis bleibt auf Erden unvergessen.« »Ruhe in Frieden, aber ruhe.« »Dein Licht verbrannte wie das einer Kerze mit zwei Dochten.«

Der schon leicht angegraute Priester verneigt sich ehrerbietig vor der Urne, schreitet mit ernster Miene zum Lesepult und breitet seine Arme über den Trauergästen aus:

»In nomine patri, et domina et spiritus Doorncat! Liebe Trauergemeinde, heute verabschieden wir uns von einer Verblichenen, die uns alle lange begleitet hat, unseren Weg geprägt hat, uns allen viel bedeutet hat. Wie sagte schon 600 vor Christus einer der spartanischen sieben Weisen, der alte Chilon, so treffend über den Tod? ›De mortuis nihil nisi bene.‹ Über die Toten niest man nicht gerne. So lasset uns der Verstorbenen und ihres irdischen Weges erinnern.

Von uns gegangen ist eine Generation, die ab dem Jahr 1945 geboren wurde. Eine Generation, die, wenn sie ehrlich ist, verdammt viel Glück im Leben hatte. Sie war es, die als erste und einzige Generation der Menschheitsgeschichte stets mit Sicherheit, Frieden und wachsendem Wohlstand beschert wurde. Obschon auch sie Plagen zu überstehen hatte. Doch selbst über diese Plagen lässt sich kaum klagen. Das Mittelalter hatte Pest und Cholera, die Neuzeit hatte Mord und Totschlag. Diese Generation hatte nur Cindy und Bert.

Diese Generation war eine ganz besondere. Sie war es,

die mehr konsumierte, mehr irdische Ressourcen verbrauchte als jede andere zuvor. Sie schaffte es, den Planeten mehr zu zerstören, als es Jahrhunderttausende Menschheitsgeschichte geschafft haben. In früheren Zeiten und an anderen Orten war Freiheit, versonnen am Meer zu stehen und die frische Meeresbrise einzuatmen. Aber diese war die Generation Auto. Für sie bedeutete Freiheit, mit einem Audi Q8 bei Tempo 220 auf der Autobahn auf einen Opel Corsa zuzurasen. Ihre Autos waren tonnenschwere CO_2-Schleudern. Die Verkehrspolitik bestand aus der sogenannten Zwei-Loch-Taktik: Auf der rechten Spur der Autobahn die Schlaglöcher. Auf der linken Spur die Arschlöcher.

Diese Generation scheute keinen Widerspruch. Trotz ihres Lebenswandels wollte sie Vorreiter im Umweltschutz sein. Leider verstand sie nie, dass man zum Reiten nur ein PS braucht. Und nicht 200. Sie glaubte an ihre Schutzgötter, ihre Heilsbringer, den ungebremsten Konsum und den ungebremsten Kapitalismus. Sie wollte mit ihren Mitteln die Welt verbessern und fand es trotzdem völlig normal, dass im eigenen Land die Schere zwischen arm und reich immer weiter auseinanderging, dass immer mehr Menschen allen Alters Flaschen aus Mülleimern sammelten, dass der Menschenverschleiß des Billiglohnsektors immer größer wurde, dass man Menschen, die vor Armut und Krieg flohen, im Meer ersaufen ließ.

Diese Generation war nimmersatt. Sie hat die natürlichen Ressourcen der Erde einfach aufgefressen. Denn jedes Mitglied dieser Generation verputzte im Jahr fast 80 Kilogramm Fleisch. Für ihre prall gefüllten Vorratskammern wurden ganze Wälder abgeholzt, damit Ställe gebaut werden konnten, in denen Rinder, Schweine und Hühner dicht an dicht gequetscht und ohne Tageslicht dahinsiechten. Um am Ende als das billigstmögliche Fleisch vakuumiert in der Tiefkühltruhe zu landen. Fleisch wurde so billig, es gab Leute, die haben ihre Wohnung mit Schnitzel tapeziert, weil das billiger war als Raufaser.«

Der Priester legt eine kleine Pause ein, lässt den Blick durch die Reihen wandern, sieht in verschniefte Taschentücher und verkniffen zurückgehaltene Tränengesichter, aber auch geballte Erinnerungsfäuste. Dann setzt er seine Predigt fort:

»Wir wollen uns hier dieser verstorbenen Generation erinnern, die mit ihrer brutalen Macht das Schicksal ihrer Mitlebewesen in die blutverschmierte Hand nahm. Sie rottete die schönsten Tierarten aus, vergiftete glyphosierend die nützlichsten Pflanzen. Aus der Tomate machte sie geschmacklose Wasserbehälter, aus dem Mais machte sie gentechnisch veränderte Monsterpflanzen und aus Pflaumen machte sie drei CSU-Verkehrsminister.

Ihr Leben, das bekam dieser Generation wohl. Sie

lebte gut, gemütlich und fröhlich nach dem griechischen Motto ›Carpe diem‹, zu Deutsch: ›Leckt uns am Arsch, wir geben Vollgas!‹

Aber dann passierte etwas, was diese Generation verdrängt hatte, was sie trotz ihrer gefühlten Allmacht nicht verhindern konnte. Sie wurde alt. Zuerst ließ sie sich davon kaum stören, wollte ausgelassen die goldenen, die eiserenen Hochzeiten feiern, wollte dicke Partys schmeißen zu den siebzigsten, achtzigsten und neunzigsten Geburtstagen. Nur standen da auf einmal ihre Enkel vorm üppig gedeckten Buffet. Nette junge Leute mit Nasenpiercings und Dreadlocks. Sie forderten Gehör und Mikrofon und trugen Gedichte auf die Jubilare vor. Aber nicht die üblichen, schmalzhaltigen Verse. Nein, die Enkel machten sich ihren eigenen Reim auf diese Generation.

›Lieber Opa, liebe Oma,
Unsere Erde liegt im Koma.
Und auch wenns wehtut, es ist Fakt,
Ihr habt es leider echt verkackt.
Ihr hinterlasst auf diese Weise
Für uns 'nen Riesenhaufen … kritikwürdige Dinge.
Drum tut jetzt was, sonst seid ihr Wichte
Echte Nulpen der Geschichte.‹

Die Stille, die dem Vortrag der Enkel folgte, dröhnte tief in die Hörgeräte der Partygäste. Und dann zuckte es in ihren künstlichen Gelenken. Diesen Spott wollten sie nicht auf sich sitzen lassen. Nicht den Spott der Ahnen. Und dann passierte, womit keiner gerechnet hatte. Die Menschen dieser Generation standen auf und sagten sich: ›Wir kehren um! Noch ist es nicht zu spät. Wir machen kurz vor Schluss noch alles anders.‹«

Der Priester macht ergriffen eine Pause. Taschentuchgeschnäuze ist aus den Bankreihen zu hören. Ein paar Nasen laufen ob der Kälte, viele vor Rührung. Sie kennen den Fortgang der Geschichte und sind doch begierig sie noch einmal zu hören. Der Priester sammelt sich und fährt nach einem rasselnden Räuspern fort:

»Im Jahr 2025 wählten die Menschen dieses Landes einen neuen Regierungschef. Im Grunde eine eindeutige Wahl, war er doch der Einzige, der Visionen hatte und das Gen der Erfolgreichen. Liebe Trauergemeinde, Sie wissen es, Jürgen Klopp wurde unser Bundeskanzler. Er motivierte ein ganzes Land. Motivierte sogar diese nun zu Asche vergangene Generation dazu, alles zu ändern. Sie wollte nicht als Loser dastehen. Sie war der Joker, der die Wende brachte. Denn Kloppo wusste besser als jeder Politiker zuvor, dass man Spiele auch in der Nachspielzeit gewinnen kann. Mit einem Mal ließen die Menschen ihre Karren stehen. Sie brauchten sie nicht mehr, schließlich bauten sie die effizientesten, modernsten Busse, Bahnen und Taxiroboter der Geschichte. Die besten Schulen wurden in den schlechtesten Vierteln errichtet. Aus den gerecht geteilten Gewinnen der großen Unternehmen wurde ein neues Miteinander finanziert. Flüchtlinge wurden integriert. Und die Energie wurde mithilfe von Sonne und Windkraft geschaffen.

In Bayern war dies alles den Menschen zu fremd und eine Vielzahl protestierte noch eine Weile. Sie konnten die Pfosten vor der Tür nicht ertragen. Aber dann wählten sie die CSU ab und als diese ganzen Vollpfosten verschwanden, fielen die Windräder gar nicht mehr ins Auge.

Es begab sich zu jener Zeit auch ein Umdenken bei der Fortpflanzung und die Weltbevölkerung verkleinerte sich, sodass alle mehr vom vielen hatten. Sogar der Vatikan hatte das seinige dafür getan. Er sprach das Kondom heilig. Es erfüllte ohnehin nahezu alle Kriterien der Heiligsprechung. Ein Kondom wirkt Wunder, denn es verhindert unheilbare Krankheiten. Es hat nach Benutzung ein Martyrium hinter sich. Es opfert sich auf, um andere zu schützen. Und es lebt selbstlos nach dem Vorbild Christi. Ein Kondom zerreißt sich förmlich für eine bessere Welt … Nein, das hoffentlich nicht allzu oft.

Damals merkte, spürte, ja, verstand jeder Einzelne: Wir können die Welt nur ändern, wenn wir unser Denken ändern. Und so schaffte die hedonistische Generation doch noch im Herbst ihres Lebens die Welt, die sich alle erträumten. Liebe Trauergemeinde, lassen Sie uns jetzt gemeinsam singend zum Grabe schreiten.«

Die Gemeinde, noch ergriffen von der Predigt, raschelt heraus aus den Bankreihen und nimmt Aufstellung. Beim Auszug aus der Kapelle intoniert sie die Zeilen des Generationsrequiems. Draußen hat der Nebel unterdessen an Dichte verloren, wird von den Sonnenstrahlen funkelnd durchbrochen, als die Trauernden im Halbkreis um das Urnengrab Aufstellung nehmen. Die Urne wird herabgelassen und der Priester spricht mit friedhofstragender Stimme seine finalen Worte:

»Sehet, wir geben der Erde ihre abtrünnigsten und doch treuesten Kinder zurück. Lasset uns diese nun verflossene Generation als Beispiel nehmen, dafür, dass auch späte Einsicht noch Änderungen hervorbringen kann. Lasset uns daran erfreuen, dass wir nach dieser Beisetzung emissionsfrei und bequem im selbst fahrenden E-Taxi oder dem leisen Zweiminutentakt-E-Bus zum Beerdigungskaffee fahren können. Erfreuen wir uns daran, dass unsere Stadt kein hupendes Getöse mehr kennt, dass ihre Luft glasklar

unsere Lungen füllt, dass ihr sauberes Wasser uns täg-
lich erquickt. Erfreuen wir uns daran, dass alle Wesen
der Schöpfung, so verschieden sie auch sein mögen,
miteinander versöhnt sind. Fuchs und Gans, Storch
und Frosch, Köln und Düsseldorf. Erfreuen wir uns
an unserer Stadt, an unserem Land, an unserer Welt.
Man kann eine Zeit nur verstehen, wenn man die Zu-
kunftsentwürfe kennt, die sie hatte. Unsere Kinder
werden uns daran messen, was wir ihnen hinterlassen.
Und es ist nicht schön, wenn wir ins Gras beißen. Aber
es gibt einen Trost: Das Gras ist vegetarisch. Amen.«

Und die Trauernden streuen Blumen in das offene
Grab. So traurig sie auch sein mögen, so groß ist ihr
Lächeln, wenn sie an diese verstorbene Generation
denken.

1. Auflage 2022

© 2022, Verlag Kiepenheuer & Witsch, Köln
Alle Rechte vorbehalten
Covergestaltung Barbara Thoben, Köln,
nach einer Vorlage von Sven Knoch
Covermotiv © privat
Gesetzt aus der Joanna Nova
Satz Wilhelm Vornehm, München
Druck und Bindung GGP Media GmbH, Pößneck
ISBN 978-3-462-00379-6

Weitere Titel von Jürgen Becker
bei Kiepenheuer & Witsch